KB066122

실전
의사소통과
글쓰기

실전 의사소통과 글쓰기

지은이 유상용, 박양순, 김은송, 전민규
펴낸이 이규호
펴낸곳 북스토리지

초판 1쇄 발행 2024년 03월 10일
초판 2쇄 발행 2024년 09월 10일

출판신고 제2021-000024호
10874 경기도 파주시 청석로 256 교하일번가빌딩 605호
E-mail b-storage@naver.com
Blog blog.naver.com/b-storage

ISBN 979-11-92536-81-1 13320

가격은 뒤표지에 있습니다

성공적인 대학생활·사회생활을 위한 NCS 직업기초과정

실전 의사소통과 글쓰기

이론편 + 실전편

유상용·박양순·김은송·전민규 공저

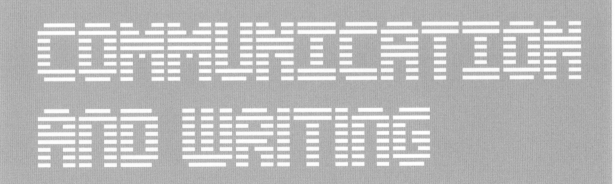

머리말

"나는 의사소통을 정말 잘 하고 있을까?", "나는 의사소통능력이 뛰어난 사람일까?" 이 질문에 긍정적인 대답을 할 사람은 드물 것이다. 소통 매체는 많아졌지만 의사소통은 오히려 잘 되지 않는 것처럼 보인다. 소통이 잘 되지 않는 표면적인 이유는 다양하지만, 근본적으로는 소통 상대를 고려하지 않았기 때문이다.

의사소통은 단순히 나의 말을 상대방에게 일방적으로 전달하는 데에서 끝나는 행위가 아니다. 성공적인 의사소통을 위해서는 상대방이 나의 말을 '이해'해야 하고, 상대방의 말도 내가 '이해'해야 한다. 서로의 말을 이해할 수 있도록 노력하는 것이 의사소통의 핵심이다. 누구나 알아야 할 교양의 영역이 좁아지고 전문적인 정보와 지식의 영역이 넓어진 현대 사회에서는 공통의 주제로 소통하는 일이 더 힘들어졌다. 그렇기 때문에 소통을 할 때 오히려 상대방을 더욱더 고려해야만 성공적인 의사소통이 이루어질 수 있다.

학업 공동체나 직업 공동체 역시 마찬가지이다. 공동체 내에서 우리는 자신에게 필요한 정보나 지식을 얻기 위해 소통할 때도 있고, 특정한 목표를 달성하기 위해 소통할 때도 있으며, 원활한 관계를 유지하기 위해 소통할 때도 있다. 이러한 소통은 모두 상대방의 협력 없이는 제대로 이루어질 수 없다. 게다가 직업 공동체에서는 직급이 올라갈수록 더 좋은 소통 능력을 기대하기 때문에 상대방이 자신의 말을 잘 이해하도록 표현하는 능력과 상대방이 그 말을 어떻게 수용할 것인가를 고려하는 능력이 필요하다.

이 책은 이러한 의사소통의 핵심을 학습하는 데 도움을 주기 위해 마련되었다. 특히 의사소통능력의 이론만 다루는 것이 아닌 실제 의사소통 상황에 관한 풍부한 사례와 실습 활동을 담아 실용적인 측면을 보완하였다. 또한 각 PART마다 그 PART의 주제에 대해 짧은 글을 쓸 수 있는 지면을 마련해 자신의 생각을 표현할 수 있도록 하였다.

PART 1 의사소통능력에서는 의사소통의 의미와 종류, 의사소통을 저해하는 요인과 의사소통 시의 올바른 태도 등을 하위 내용으로 다루고 있으며, PART 2 바른 표기법에서는 글을 쓸 때 지켜야 할 어문 규정과 한글맞춤법을 다루고 있다.

PART 3 문서이해능력과 PART 4 문서작성능력은 문서적 의사소통능력을 다루는 부분으로 문서이해의 의미와 종류, 문서이해 절차, 문서작성법, 문서작성 시 주의사항 등으로 구성되어 있다.

PART 5 실용적 글쓰기에서는 글쓰기의 기초와 좋은 글쓰기의 요건, 글쓰기 윤리, 창의적 글쓰기와 자기소개서 작성법의 순서로 기술하였다.

PART 6 의사표현능력과 프레젠테이션, PART 7 경청능력은 언어적 의사소통능력을 다루는 부분이다. PART 6은 의사표현의 의미와 종류, 중요성, 원리, 의사표현의 방해 요인과 해결 방안, 상황에 따른 의사표현 방법, 원활한 의사표현을 위한 지침, 설득력 있는 의사표현, 프레젠테이션 능력 등으로 이루어져 있다. PART 7은 경청의 의미와 경청 방해 요인, 경청 방법과 훈련, 공감 훈련 등을 다루고 있다.

마지막 보충자료에서는 대학생활에 필요한 리포트 작성법과 취업 면접을 다루고 있어서 대학생들에게 실질적인 도움을 줄 것이다.

부디 이 책이 학생들의 대학생활 및 사회생활에 큰 도움이 되길 진심으로 바라는 마음이다.

2024년 2월

차 례

PART

1

의사소통능력

학습 목표

1. 원활한 의사소통의 개념, 필요성을 이해할 수 있다.
2. 의사소통 시에 취해야 할 올바른 자세를 알고 적용할 수 있다.
3. 의사소통 시에 부족했던 면을 파악하고 개선할 수 있다.

사전 체크리스트

- [ ] 1. 나는 평소 원활한 의사소통을 하고 있다. (O, X)
- [ ] 2. 나는 자신의 의사소통에 관한 문제점을 잘 파악하고 있다. (O, X)
- [ ] 3. 나는 말을 한 후에 상대방에게 잘 전달되었는지 확인한다. (O, X)
- [ ] 4. 나는 상대방의 말에 적극적으로 호응하는 편이다. (O, X)
- [ ] 5. 나는 의사소통을 할 때 생각나는 대로 말하기보다 포장해서 말하려고 애쓴다. (O, X)

3분 글쓰기

BRAINSTORMING

의사소통 또한 의사소통능력에 대한 자신의 생각을 3분 동안 쉬지 않고 떠오르는 대로 써 보자. 체계를 갖추지 않고 자유롭게 써도 된다.

의사소통의 의미

사례 직장인 L씨가 직장 내에서 좋은 평판을 얻고 있는 이유는?

> 올해 K 회사 구매업무 팀장을 맡고 있는 입사 7년차 L 과장은 역대 팀장 중 최고라는 좋은 평판을 얻고 있다. 그 이유는 L 과장의 탁월한 의사소통능력 때문이다. 그는 "주간 회의 때는 추상적인 설명보다 구체적이면서도 간결하게 1분 내에 발언을 끝내는 것을 원칙으로 한다."고 말하며 그의 인기 비결을 말해주었다. 또한 "소통 화제에 대한 핵심을 정확히 알고 있으면 짧은 시간으로도 팀원들과 의사소통을 원활히 할 수 있고, 공식적인 상황에서도 다른 사람들의 동의와 신뢰를 이끌어 낼 수 있다."고 말했다.

* 여러분이 생각하는 의사소통능력이 뛰어난 사람은 어떤 사람인가?

1. 의사소통능력이란?

의사소통능력이란 상대방과 대화를 나누거나 문서를 통해 의견을 교환할 때, 상호 간의 전달하고자 하는 의미를 정확하게 전달할 수 있는 능력을 의미한다. 이와 같이 현대를 살아가는 모든 사람들에게 사회생활에서 필요한 원만한 인간관계를 유지하고, 업무 성과를 높이기 위해서는 최소한의 의사소통능력이 요구된다.

2. 의사소통의 사전적 의미

의사소통(communication)의 원래 뜻은 '상호 공통점을 나누어 갖는다'로 라틴어 'communis(공통, 공유)'에서 나온 말이다. 즉 의사소통은 두 사람 또는 그 이상의 사람들 사이에서 의사의 전달

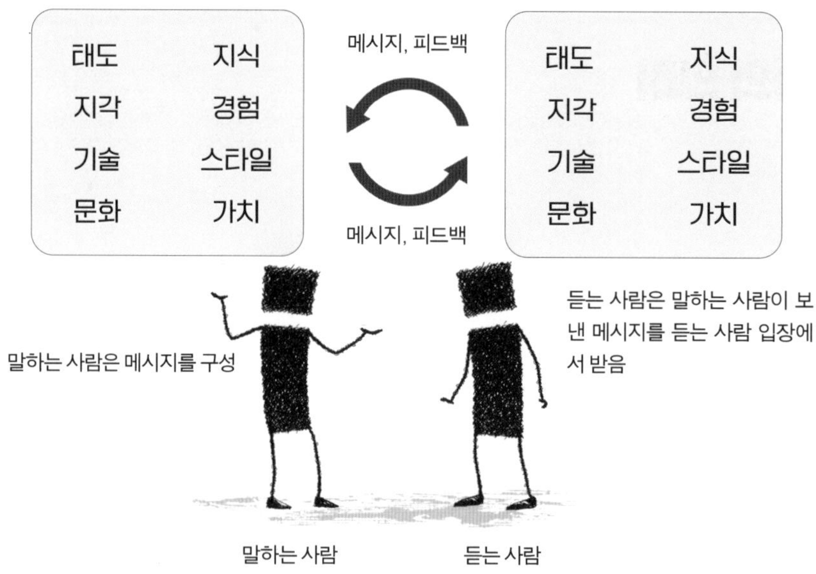

과 상호 교류가 이루어지는 것을 말하며, 어떤 개인 또는 집단끼리 정보, 감정, 사상, 의견 등을 전달하고 그것들을 받아들이는 과정을 뜻한다.

3. 직장생활에서의 의사소통 의미와 기능

직장생활에 있어서의 의사소통은 공식적인 조직 안에서의 의사소통을 의미한다. 직장생활에서의 의사소통은 조직의 생산성을 높이고, 사기를 진작시키고 정보를 전달하고, 설득하려는 목적을 가지고 있다.

직장 내에서 구성원 간의 의사소통이 잘 이루어진다면 팀워크가 올라가고 능률도 향상된다. 하지만 원활한 의사소통이 쉽지만은 않다. 직장의 구성원은 다양한 사회적 경험과 지위, 가치관을 가진 개인이기도 하므로 동일한 정보를 전달하더라도 각각 다르게 받아들이고 반응할 수 있기 때문이다.

메시지는 고정된 단단한 덩어리가 아니라 유동적이고 가변적이기 때문에 상호작용에 따라 다양하게 변형되고 수용될 수 있다는 사실을 기억해야 한다.

한편 의사소통은 다음과 같은 기능을 지닌다.

① 직장 내에서의 의사소통은 조직과 팀의 효율성과 효과성을 성취할 목적으로 이루어지는 정보와 지식의 교류 과정으로, 여러 사람의 노력으로 공통의 목표를 추구해 나가는 기본적인 존재 기반이고 성과를 결정하는 핵심 기능을 한다.

② 자신의 생각과 느낌을 효과적으로 표현하는 것과 타인의 생각과 느낌, 사고를 이해하는 노력은 개인은 물론이고 조직이나 팀과 관련된 핵심적인 요소이다.

③ 의사소통의 역할은 개인들이 집단을 이루어 활동할 때 그 활동을 효과적으로 수행할 수 있도록 해 준다. 효과적이고 원활한 의사소통은 조직과 팀의 핵심적인 요소로서, 구성원 간에 정보를 공유하는 중요한 기능을 한다.

④ 직장 내에서 의사소통은 직장생활에서 필수적인 요소이며, 대인관계의 기본이 된다. 의사소통은 제각기 다른 사람들이 서로에 대한 시각 차이를 좁혀주며, 선입견을 줄이거나 제거해 줄 수 있는 수단이다.

활동 다음 글을 읽고 대학생인 지금과 비교하여 사회 직장인으로서는 어떤 의사소통법이 필요하다고 생각하는지 자신의 의견을 정리해서 작성해 보자.

> 현재 나와 가장 가까운 사람을 떠올려 보라. 그 사람과 가까운 이유를 생각해 보면 분명 둘 사이의 친밀함이 있을 것이다. 친밀함은 지내는 사이가 매우 친하여 체면을 차릴 필요가 없음을 의미한다.
>
> 인간관계에서 친밀한 사이일수록 신뢰가 쌓이고 관계는 더욱 끈끈해진다. 진정한 친구 한 명만 있어도 성공한 인생이라고 하지 않는가. 속 깊은 이야기를 나누며 진정한 대화를 할 수 있는 존재가 있다면 삶의 질은 한층 더 올라간다.
>
> 하지만 사회에서 만나는 사람들과는 친밀해지기가 어렵다. 그것은 목적 달성이라는 공

통된 목표를 가지고 함께 일하는 공적인 관계이기 때문이다. 사적인 교류가 있지 않고서는 직장 동료, 사업 파트너 이상의 관계로 발전하기 쉽지 않다.

사적인 관계와 공적인 관계 사이에는 친밀함의 차이가 있다. 공적인 관계에서는 인간관계의 기본적인 의사소통방식에 덧붙여 상대방과의 관계를 돈독하게 할 의사소통법이 무엇인지 생각해 보자.

출처 : 임정민, 『관계를 망치지 않는 대화법』, 경향BP, 2023

장래 자신이 일하게 될 직장을 구체적으로 떠올려 보고, 가장 필요한 의사소통법이 무엇인지 생각한다.

의사소통의 종류

우리의 일상생활 혹은 직장생활에서는 많은 이들과 다양한 의사소통방식으로 업무가 이루어진다. 문서적인 측면에서 요구되는 의사소통능력에는 기획서나 보고서, 공문서 등을 작성할 수 있는 문서작성능력과 이미 작성된 문서를 이해할 수 있는 문서이해능력이 있다. 또한 직장 동료 간의 원활한 대화를 위해 필요한 능력에는 의사표현법과 경청능력의 언어적인 측면에서 요구되는 의사소통능력이 있다.

활동 당신은 약속 시간을 변경하려고 누군가에게 연락을 취해야 한다. 어떤 방법으로 연락을 취하는지 작성해 보자.

연락 방법 :

위의 연락 방법을 취하는 이유는?

1. 문서적 측면에서의 의사소통능력

문서적 의사소통능력이란 문서를 보고 그 내용을 이해하고 요점을 판단하며, 이를 바탕으로 목적과 상황에 적합한 정보를 효과적으로 전달하기 위해 문서를 작성하는 능력을 말한다. 직장인이 갖춰야 할 문서적인 의사소통능력은 직업 생활의 대부분에서 필요한 능력이라고 할 수 있으며, 전화 메모부터 고객을 위한 예산서나 주문서, 직장 내에 의견 전달을 위한 보고서나 공문에 이르기까지 다양한 상황에서 요구된다.

문서적인 의사소통은 언어적인 의사소통에 비해 권위감이 있고, 정확성을 기하기 쉬우며, 전달성이 높고, 보존성도 크다. 또한 문서적 의사소통은 언어적인 의사소통의 한계를 극복하기 위해 문자를 수단으로 하는 방법이지만 이 또한 그리 쉬운 것은 아니다. 문서적인 방법은 때로는 필수불가결한 것이기는 하지만 때로는 혼란과 곡해를 일으키는 경우도 얼마든지 있기 때문이다.

(1) 문서이해능력

업무에 관련된 문서를 통해 구체적인 정보를 획득하고, 수집하고, 종합하기 위한 능력

(2) 문서작성능력

상황과 목적에 적합한 문서를 시각적이고 효과적으로 작성하기 위한 능력

2. 언어적인 측면의 의사소통능력

언어를 통해서 의사소통을 하는 방법은 가장 오래된 것으로 사람은 언어를 수단으로 하는 의사소통에 공식적이든 비공식적이든 간에 자신의 일생에서 75퍼센트의 시간을 사용한다고 한다.

언어적인 의사소통은 문서에 의한 의사소통보다는 정확을 기하기 힘든 경우가 있는 결점이 있기는 하지만 대화를 통해 상대방의 반응이나 감정을 살필 수 있고, 그때그때 상대방에게 설득시킬 수 있으므로 유동성이 있다. 또한 모든 계층에서 관리자들이 많은 시간을 투자하는 의사소통 중에서도 듣고 말하는 시간이 상대적으로 비교할 수 없을 만큼 많다는 점에서 경청능력과 의사표현력은 매우 중요하다.

(1) 의사표현능력

목적과 상황에 맞는 말과 비언어적 행동을 통해서 아이디어와 정보를 효과적으로 전달할 수 있는 능력

(2) 경청능력

다른 사람의 말을 주의 깊게 들으면서 공감할 수 있는 능력

의사소통을 저해하는 요인

평소의 대인 관계에서나 직장생활에서나 효과적인 의사소통은 필수요인이다. 하지만 우리는 자신도 알지 못하는 사이에 원만한 의사소통을 저해하는 행동을 하기도 한다.

사례 착각이 빚는 의사소통의 오류

비스마는 고등학생 때 갑자기 음식을 제대로 소화시키지 못하는 증상이 생겨서 고생하는 아이였다. 아침이면 증상이 특히 심했고, 구역질 때문에 기절할 때도 있을 정도였다. 몸이 비쩍 마를 수밖에 없었다. 검사 결과 셀리악병, 위궤양, 위암처럼 그 증상으로 의심할 만한 질병일 가능성은 없다고 했지만, 의사들도 무엇이 문제인지 알아내지는 못 했다. 다음 학기에 네팔과 요르단으로 교환학생을 떠날 예정이었던 비스마는 미리 구역질약 처방전을 받으러 새로운 병원에 갔던 거였다. 처음 본 의사는 비스마의 증상을 귀 기울여 듣더니 이렇게 물었다.

"구토를 하면 기분이 좋아지나요?"

거식증을 의심하고 있던 게 분명하다. 비스마는 너무나도 당황한 나머지 그 이후로 어떤 말이 오갔는지 정확하게 기억하지는 못 했지만, 대충 이런 식으로 대화가 흘러갔다며 당시를 되짚었다.

비스마　　아뇨, 전혀요.

의사　　(**당연히 자기 문제를 부정하고 있겠지**라고 생각하며) 음식을 먹는 게 조금이라도 즐거운가요?

비스마　　(자기처럼 만성적인 소화 문제를 겪는 사람이 도대체 어떻게 먹는 걸 즐거워할 수 있다는 말인지 황당해하며) 아뇨.

의사　　(**내 이럴 줄 알았지. 이제 슬슬 감이 잡히는군**이라고 생각하며) 자살 충동이 듭니까?

비스마　　아뇨!

비스마는 서둘러 그 병원을 빠져 나왔다.

[비스마는 곧 출국했지만 코로나19 때문에 학기 중간에 교환 학생 프로그램이 취소되었다. 그런데 놀랍게도 해외에 나가 있던 두 달 사이에 비스마의 증상이 깨끗이 사라졌다. 구역질과 체중 감소의 원인을 알아내지는 못 했지만 비스마가 짐작하기로는 미국 내에 있는 무언가에 자신이 알레르기가 있었고, 그 알레르기 항원에서 떨어져 지내는 동안 면역 체계가 안정된 게 아닐까 싶다고 했다.]

출처 : 안우경, 『씽킹101』, 흐름출판, 2023

* 윗글에서 문제가 되는 부분은?

(1) '일방적으로 말하고', '일방적으로 듣는' 무책임한 마음

누구나 실질적인 업무를 맡으면 '실수를 범하지 않도록' 주의를 기울이는 법이다. 하지만 의사소통을 하는 데 혹시 '정확히 전달되었는지', '정확히 이해했는지'를 확인하지 않고 그 순간을 넘겨버린다면 서로 '엇갈린 정보'를 가지게 된다.

→ 의사소통 기법의 미숙, 표현 능력의 부족, 이해 능력의 부족

(2) '전달했는데', '아는 줄 알았는데' 라고 착각하는 마음

사소한 것이라도 '엇갈린 정보'를 바로잡지 않은 채 커뮤니케이션을 하면 업무상 문제가 발생한다. 하지만 자신은 '전달했는데', '아는 줄 알았는데' 하며 착각에 빠져 있기 때문에 업무상 문제를 정보 공유의 부족에서 오는 것이라고 생각하지 않는다.

→ 평가적이며 판단적인 태도, 잠재적 의도

(3) '말하지 않아도 아는 문화'에 안주하는 마음

'말하지 않아도 안다', '호흡이 척척 맞는다', '일은 눈치로 배워라' 등과 같이 직접적인 대화를 통해서 관계하는 것보다 오히려 '눈치'를 중요시하는 의사소통을 미덕이라고 생각하는 경향이 있다. 말하지 않아도 마음이 통하는 관계는 '최고의 관계'이지만, 비즈니스 현장에서 필요한 것은 마음으로 아는 눈치의 미덕보다는 정확한 업무 처리임을 명심해야 한다.

→ 과거의 경험, 선입견과 고정관념

의사소통 시 올바른 태도

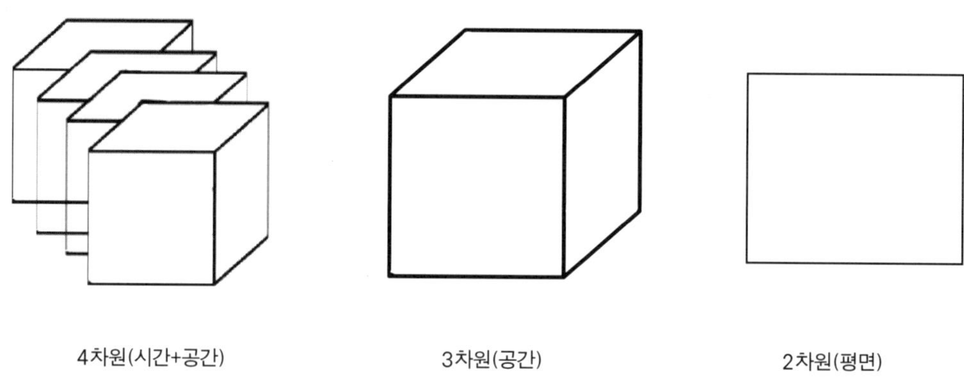

우리는 모두 일정한 편견과 고정관념을 가지고 있다. 이런 편견과 고정관념은 우리 인식 능력의 한계 때문에 발생한다. 인간은 4차원 세계를 3차원 공간에서 2차원적으로 인식할 수밖에 없는 제약 속에서 살아간다. 이를테면 스마트폰은 3차원으로 구성된 입체적인 사물이지만 고정된 시간 속에서 우리는 앞면이나 뒷면, 측면 같은 특정한 면만을 인식할 수밖에 없다. 하지만 시간의 흐름 속에서 스마트폰의 각 면을 둘러보면 스마트폰의 입체적인 모습을 인식할 수 있다. 이처럼 우리가 대상을 온전히 인식하려면 시간을 두고 대상을 구성하고 있는 여러 측면을 관찰해야 한다. 그래야만 인식의 한계를 조금이나마 극복할 수 있다.

의사소통은 이런 인식의 한계를 인정하고 극복하려는 노력 없이는 제대로 이루어지기 어렵다. 의사소통은 자신이 상대에게 메시지를 일방적으로 전달하는 과정이 아니라 메시지를 통해 상대방과 상호작용을 하는 과정이다. 그래서 전달할 정보와 의견을 상대방이 이해하기 쉽게 표현해야 할 뿐 아니라, 상대방이 어떻게 받아들일 것인가를 반드시 고려해야 성공적인 의사소통이 이루어질 수 있다. 상대가 자기 의도대로 정보나 의견을 수용하지 못했다고 해서 면박을 주거나 소통을 포기해서는 안 된다. 상대가 왜 자기 의도와 다르게 정보를 수용했는지 시간을 두고 분석하여 표현 전략을 바꾼 뒤 다시 소통을 시도해야 한다.

의사소통은 좁게는 서로 정보나 의견을 주고받는 행위로 이해될 수 있지만, 넓게는 원활한 의사소통 상황을 만드는 행위까지 포함할 수 있다. 예를 들어 상대와의 관계가 틀어진 상황에서 업무나 프로젝트를 위해 의사소통을 원만히 이어가야 하는 경우가 있다. 이럴 때는 관계 회복을 위한 노력을 기울이거나 적어도 업무를 위해 서로 협력할 수 있도록 관계를 재조정해야 한다. 이렇게 관계 회복이나 관계를 재조정하는 행위도 의사소통을 통해 이루어진다.

결국 의사소통은 서로 다른 인식의 틀을 가진 사람들이 공통적으로 공유할 수 있는 의미를 만들기 위해 언어나 문서, 비언어적 수단을 통해 서로 노력하는 과정이다. 따라서 일방적인 메시지 전달만으로 소통을 위한 노력을 다 했다고 생각하지 말고, 항상 상대의 경험이나 이해도, 가치관, 상대와의 관계, 상대가 처한 상황 등을 고려하며 소통해 나가야 한다.

활동 자신은 20대이고, 50대인 직장 선배와 오가는 대화를 완성해 보자.

직장 선배 : 요즘 날씨가 왜 이래? 내일도 이럴려나…

나 : (   )

다음 중 ④에 해당하는 답변을 자유롭게 작성해 보자.

① 혼잣말인 듯해서 대꾸하지 않는다. (→ 적극적으로 대화하자)

② 휴대폰으로 날씨를 검색해 보라고 말한다. (→ 정보전달만이 의사소통은 아니다)

③ 직접 날씨를 검색해서 내일 날씨를 알려준다. (→ 위와 동일)

④ 기타

의사소통능력 개발하기

사례 의사소통능력을 개발하기 위한 방법에는 어떤 것들이 있을까?

> 취업을 준비하고 있는 M군은 자주 친구들로부터 다른 사람의 이야기를 흘려듣거나 금방 잊어버린다는 얘기를 많이 들어 어떤 일을 하든 간에 늦거나 잘못하는 경우가 많았다. 그리고 같은 일을 했음에도 불구하고 남들보다 남겨진 자료가 별로 없는 것을 발견하였다. 그래서 M군은 항상 메모하고 기억하려는 노력을 하기로 결심하고 이를 실천에 옮겼다.

의사소통능력을 개발하기 위해서는 자신이 원활한 의사소통을 하지 못하는 방해 요인을 분명히 알고, 이를 제거하기 위한 훈련을 해야 한다. 그러기 위해서는 무엇보다도 자신이 스스로 의사소통의 중요한 주체임을 인지하고, 자신의 문제점을 객관적으로 분석할 수 있어야 한다. 또한, 타인을 이해하려는 노력과 조직의 구성원으로서 조직 분위기를 개선하도록 노력하는 것도 필요하다.

활동 고등학교 또는 대학시절에 의사소통에 어려움이 있었던 일을 떠올려 작성해 보자. 개선 노력에 관해서도 작성해 보자.

의사소통에 있어 자신의 느낌이나 타인의 느낌을 건설적으로 처리하는 방법

- 느낌을 말로 구체화시켜 표현한다.
- 얼굴을 붉히는 것과 같은 간접적 표현을 피한다.
- 자신의 감정을 주체하지 못하고 과격한 행동을 하지 않는다.
- 자신의 감정 상태에 대한 책임을 타인에게 전가하지 않는다.
- 자신의 감정을 조절하기 위하여 상대방으로 하여금 그의 행동을 변화하도록 강요하지 않는다.

1. 사후 검토와 피드백(feedback) 주고받기

(1) 피드백(feedback)이란?

상대방에게 그의 행동의 결과가 어떠한지에 대하여 정보를 제공해 주는 것을 말한다. 즉, 그의 행동이 나의 행동에 어떤 영향을 미치고 있는가에 대하여 상대방에서 솔직하게 알려주는 것이다.

(2) 사후 검토와 피드백 활용

의사소통의 왜곡에서 오는 오해와 부정확성을 줄이기 위하여 말하는 사람 또는 전달자는 사후 검토와 피드백을 이용하여 메시지의 내용이 실제로 어떻게 해석되고 있는가를 조사할 수 있다. 얼굴을 맞대고 하는 의사소통에서는 이러한 사후 검토나 피드백이 직접 말로 물어볼 수도 있고, 얼굴 표정 등으로 정확한 반응을 얻을 수 있기 때문에 용이하다.

(3) 사후 검토와 피드백 시 유의점

피드백은 상대방이 원하는 경우 대인관계에 있어서 그의 행동을 개선할 수 있는 기회를 제공해 줄 수 있다. 하지만 부정적이고 비판적인 피드백만을 계속적으로 주는 경우에는 오히려 역효과가 나타날 수 있으므로 피드백을 줄 때 상대방의 긍정적인 면과 부정적인 면을 균형 있게 전달하도록 유의해야 한다.

2. 언어의 단순화

의사소통에서 나누는 내용을 구성할 때 사용되는 언어는 받아들이는 사람을 고려하여 어휘들을 주의하여 선택하여 보다 명확하고 이해 가능한 것을 선택해야 한다. 의사소통에서 필요한 상황에 따라 용어의 선택이 달라질 수 있다. 전문용어는 그 언어를 사용하는 집단 구성원들 사이에 사용될 때에는 이해를 촉진하지만 조직 밖의 사람들에게, 예를 들어 고객에게 사용했을 때에는 의외의 문제를 야기할 수 있기 때문에 의사소통을 할 때 주의하여 단어를 선택하는 것이 필요하다.

3. 적극적인 경청

우리는 다른 사람과 대화를 할 때 신체적으로는 가까이 있으면서도 상대가 말하고자 하는 내용에는 관심을 보여주지 않는다면 그 사람과는 의미 있는 대화를 더 이상 나누기 어렵다. 단순히 상대방의 이야기를 들어주는 것과 경청의 의미는 다르다. 듣는 것은 수동적인 데 반해 경청은 능동적인 의미의 탐색이다. 경청의 의미는 의사소통을 하는 양쪽 모두가 같은 주제에 관해 생각하고 있다는 것이다.

4. 감정의 억제

우리는 감정적인 존재이므로 언제나 이성적인 방법으로 의사소통을 하지는 않는다. 의사소통에 있어서 느낌을 갖는다는 것은 자연스러운 일이다. 하지만 자신의 상황에 따라 어떤 문제에 대해 감정적으로 좋지 못한 상황에 있을 때 듣거나, 문서가 주어진다면 메시지를 곡해하기 쉽고, 반대로 자신이 전달하고자 하는 의사표현을 명확하고 정확하게 하지 못할 경우가 많다.

이러한 상황에 있을 때 가장 좋은 방법은 침착하게 마음을 비우도록 노력하고, 자신이 평정을 어느 정도 찾을 때까지 의사소통을 연기하는 것이다. 하지만 조직 내에서 의사소통을 무한정 연기할 수는 없기 때문에 먼저 자신의 분위기와 조직의 분위기를 개선하도록 노력하는 등 적극적인 자세가 필요하다.

의사소통능력 개발

1. 사후 검토와 피드백의 활용

직접 말로 물어보거나 얼굴 표정이나 기타 표시 등으로 정확한 반응을 살핀다.

2. 언어의 단순화

명확하고 쉽게 이해 가능한 단어를 선택하여 이해를 높인다.

3. 적극적인 경청

감정을 이입하여 능동적으로 집중하여 경청한다.

4. 감정의 억제

감정적으로 메시지를 곡해하지 않도록 침착하게 의사소통 한다.

나는 어떤 노력을 더 해야 할까?

인상적인 의사소통

상대방과의 의사소통 과정에서 자신의 의견을 인상적으로 깊이 받아들이도록 기대하지만 실제 그것이 잘 이뤄지지 않는 일이 대부분이다. 이는 의사소통 과정에서 사용하는 언어의 활용이 제한적이기 때문이다.

사례 앵무새 상사

> 매주 수요일 업무보고 시간에 참석하는 홍보팀의 팀원들은 A과장이 입을 열자 서로 눈치를 보며 한숨을 쉰다. A과장은 매번 회의에서 똑같은 말만 반복하기로 유명해진 지 오래되었고, 회사에서 A과장만 모르는 그의 별명은 '앵무새'이다. 그는 그에게 익숙한 말들만 고집스레 반복하여 사용하기 좋아하는 대표적인 상사이다.

우리는 의사소통 과정에서 상대방에게 깊은 인상을 주고, 상대가 감탄하도록 의사표현을 하기 위해서는 다양한 표현을 사용해야 한다. 밑에 제시된 말과 비슷한 의미를 가진 표현을 적어 보자.

팀원에게 - 격려하기	고객에게 - 사용법의 장점 설명하기
1. 열심히 하고 있군! 2. 3. 4.	1. 사용법이 간단합니다. 2. 3. 4.

1. 인상적인 의사소통의 필요성

오랫동안 알고 지낸 사람들은 그들만의 언어로 다양한 표현을 하지 않아도 서로 이해하기 때문에 언어의 활용량이 자연히 줄어들며, 이는 의사표현의 한계를 가져온다.

하지만 직장생활을 하다 보면 언제나 같은 사람들만 만나는 것이 아니라 새로운 사람도 들어오고, 새로운 고객을 만나는 일이 많기 때문에 인상적인 의사소통을 위하여 스스로 많은 노력을 해야 한다.

2. 인상적인 의사소통이란?

의사소통 과정에서 상대방에게 같은 내용을 전달한다고 해도 이야기를 새롭게 부각시켜 인상을 주는 것을 말한다. 즉, 내가 전달하고자 하는 내용이 상대방에게 의사소통 과정을 통하여 '과연!' 하며 감탄하게 만드는 것이라고 할 수 있다.

3. 인상적인 의사소통의 중요성

자신에게 익숙한 말이나 표현만을 고집스레 사용하면 전달하고자 하는 이야기의 내용에 신선함과 풍부함 또는 맛깔스러움이 떨어져 의사소통에 집중을 하기 어렵다.

또한 새로운 고객을 만나는 직업인이라도 매일 다른 사람을 만나기 때문에 같은 말을 되풀이하는 경향이 많다. 하지만 상대방에게 인상적으로 나의 의견을 전달하기 위해서는 상대의 마음을 끌어당길 수 있는 표현법을 많이 익혀 활용해야 한다.

의사소통 과정에서 자신의 의견을 인상적으로 전달하기 위해서는 선물 포장처럼 자신의 의견도 적절히 꾸미고 포장하는 것이 필요하다.

의사소통능력 개발

- 언제나 주위의 언어 정보에 민감하게 반응하고, 자신이 활용할 수 있도록 노력한다.
- 자신이 자주 사용하는 표현을 찾아내 다른 표현으로 바꿔 본다.
- 언제나 '다른 표현은 없을까?' 하고 생각하고, 새로운 표현을 검토해 본다.

활동 다음 상황에서 어떤 표현을 사용하는지 직접 작성해 보자.

	조별 활동 모임이 언제인지 학과 친구에게 물을 때
친한 친구	
친하지 않은 친구	

사티어의 의사소통 방식

사티어의 일치형 대화는 상황에 맞게 상대방의 입장도 고려하면서 자기를 표현하는 의사소통 방식이다.

1. 자기개시는 이루어졌는가?
   (자신의 이야기는 밝히지 않고 목적만 달성하는 의사소통 NG)
2. 이야기의 관점을 상대가 아닌 '나'의 관점에 전하는가? (너 전달법/나 전달법)
3. 목소리의 톤에 신경썼는가? (친절하고 따뜻한 어조로!)

단원 마무리

학습 마무리 체크

- ☐ 1. 메시지는 고정된 불변의 요소이다. (O, X)
- ☐ 2. 의사소통은 상대방에게 메시지를 전달하는 과정이다. (O, X)
- ☐ 3. 문서적인 의사소통은 언어적인 의사소통에 비해 권위감이 있다 . (O, X)
- ☐ 4. 피드백은 주로 긍정적인 내용만을 부각하는 것이 좋다 . (O, X)
- ☐ 5. '적극적인 경청'은 의사소통능력을 개발하는 데 큰 도움이 된다. (O, X)

의사소통능력에 대해 새롭게 알게 된 사실이나 수업 내용을 정리해 보자.

기출문제

[1-2] 다음 빈 칸을 채우시오.

1. (   )이란 두 사람 또는 그 이상의 사람들 사이에서 일어나는 의사의 전달과 상호 교류가 이루어진다는 뜻이다.

2. (   )이란 상대방에게 행동의 결과가 어떠한지에 대해 정보를 제공해 주는 것을 말한다.

3. 의사소통능력을 문서적인 것과 언어적인 것으로 구분하여 볼 때 다음 빈칸에 들어갈 내용이 무엇인지 작성해 보자.

문서적인 의사소통능력		언어적인 의사소통능력	
①	②	③	④

4. '직장생활에서의 의사소통'에 대한 설명으로 적절하지 않은 것을 고르시오.

   ① 메시지는 변형이 어렵고 고정적이기 때문에 늘 신중해야 한다.

   ② '원활한 의사소통'은 직장생활을 영위하는 데 있어서 필수적인 요소이다.

   ③ 효과적이고 원활한 의사소통은 구성원 간 정보를 공유하는 중요한 기능을 한다.

   ④ 상대방이 어떻게 받아들일 것인가에 대한 고려가 바탕이 되어야 한다.

5. 의사소통을 저해하는 요인 두 가지를 설명해 보자.

   ①

   ②

[6-7] 다음 보기 중 옳지 않은 것을 모두 고르시오.

6. 의사소통 시 올바른 태도

① 메시지를 전달할 때는 상대방의 반응을 고려해야 한다.

② 의사소통에서는 비언어적 수단은 활용하지 않는다.

③ 제스처와 침묵과 같은 수단도 의사소통의 일부이다.

④ 의사소통의 가장 중요한 기능은 메시지의 전달이다.

7. 문서적인 의사소통능력

① 주어진 문서를 이해하고 새로운 문서를 작성하는 데 필요한 능력이다.

② 언어적인 의사소통에 비해 정확성을 기하기 쉽다.

③ 언어적인 의사소통에 비해 곡해를 일으키는 일이 적다.

④ 언어적인 의사소통에 비해 보존성이 크다는 장점이 있다.

PART

2 바른 표기법

학습 목표

1. 어문 규정의 의미와 필요성에 대해 알 수 있다.
2. 한글맞춤법에 어긋난 표현을 가려내어 수정할 수 있다.
3. 띄어쓰기 원칙을 잘 지켜 문장을 작성할 수 있다.

사전 체크리스트

- ☐ 1. 나는 평소 맞춤법과 띄어쓰기에 신경 쓰는 편이다. (O, X)
- ☐ 2. 나는 한글이나 워드 작성 시 붉은 색 물결 표시 부분을 수정한다. (O, X)
- ☐ 3. 나는 띄어쓰기의 기본 원리에 대해 알고 있다. (O, X)
- ☐ 4. 나는 '되'와 '돼'의 쓰임을 구분할 수 있다. (O, X)
- ☐ 5. '빨리 어른이되어 차 한대를 사고싶다.'의 띄어쓰기는 모두 맞다. (O, X)

3분 글쓰기

BRAINSTORMING

한글맞춤법과 띄어쓰기에 대한 자신의 생각을 3분 동안 쉬지 않고 떠오르는 대로 써 보자. 체계를 갖추지 않고 자유롭게 써도 된다.

어문 규정

어문 규정은 언어 표현에 규칙과 질서를 부여해 국민의 어문 생활을 돕기 위해 제정된 규칙이다. 구체적으로는 사람들이 통일된 발음과 표기를 사용하여 원만한 의사소통을 할 수 있게 돕는 것이 어문 규정 제정의 이유이다. 통일된 기준이 없다면 저마다 다른 발음과 표기를 사용할 수 있기 때문이다.

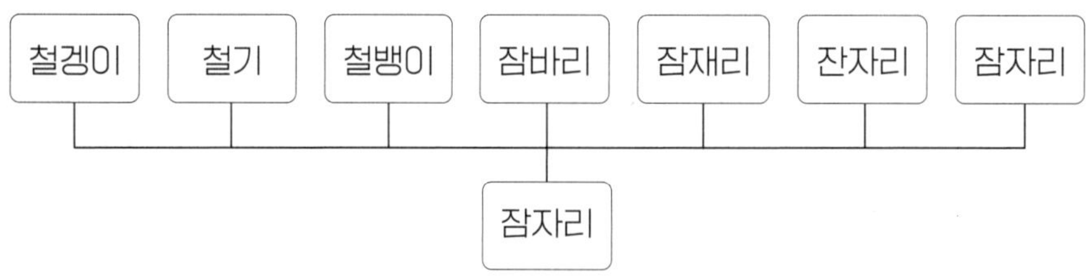

우리가 아는 '잠자리'는 지역에 따라 '철겡이, 철기, 철뱅이, 잠바리, 잠재리, 잔자리' 등으로 표현된다. 이렇게 하나의 대상을 지역마다 다르게 표현하면 우리는 의사소통을 원활하게 할 수 없다. 그래서 기본적으로 '교양 있는 사람들이 두루 쓰는 현대 서울말'을 기준으로 표준어를 정하고, 때에 따라 다른 방언의 사용이 우세하면 그 방언을 복수 표준어로 인정하기도 한다. 이 규칙을 표준어 규정이라고 한다.

어문 규정에는 표준어 규정 외에도 한글맞춤법, 외래어 표기법, 로마자 표기법이 포함되어 있다.

한글맞춤법: 우리말을 문자로 표기할 때 지켜야 할 규정 (몇 일, 며칠), (설겆이, 설거지)

표준어 규정: 다르게 발음되는 단어들의 대표 어휘와 표준 발음을 정한 규정 (잠자리)

외래어 표기법: 외국어나 외래어를 한글로 표기할 때 지켜야 할 규정 (robot-로봇)

로마자 표기법: 우리말을 로마자(알파벳)로 표기할 때 지켜야 할 규정 (Ulsan, Ban-gudae)

어문 규정에 강제성은 없지만 이를 지키지 않으면 화자가 전달하려는 메시지의 신뢰도가 떨어질 수 있다. 또한 어문 규정을 지키지 않은 화자에 대한 호감도가 떨어지는 경우도 있다. 특히 공적인 상황에서는 더더욱 그렇다. 자신과 자신의 메시지에 호감도와 신뢰도를 높이기 위해서는 평소에도 어문 규정을 잘 지키는 어문 생활을 유지하는 태도가 필요하다.

한글맞춤법

네 가지 어문 규정 중 필수적으로 알아 두어야 할 규정은 한글맞춤법이다. SNS의 발달로 수많은 정보가 글을 통해 전달되고 있고, 학교나 직장에서도 주요 의사 결정은 글을 통해 이루어지기 때문이다.

한글맞춤법은 '한글'이라는 문자로 글을 작성하는 데 필요한 내용을 담은 표기 규정이다. 한글맞춤법에는 표기법과 띄어쓰기 원칙이 담겨 있는데, 가장 기본이 되는 원리는 제1장의 제1항, 제2항, 제3항에 있다.

[제1항] 한글맞춤법은 표준어를 소리대로 적되, 어법에 맞도록 함을 원칙으로 한다.

[제2항] 문장의 각 단어는 띄어 씀을 원칙으로 한다.

[제3항] 외래어는 '외래어 표기법'에 따라 적는다.

제1항은 한글맞춤법의 전반에 적용되는 원칙으로 표준어를 소리 나는 대로 적어야 한다는 규정과 표준어를 어법에 맞도록 적어야 한다는 규정이다. 언뜻 보면 모순되어 보이지만 두 규정이 함께 만

들어진 데에는 이유가 있다. 기본적으로 단어는 소리 나는 대로 적어야 한다. 예를 들어 어깨는 [어깨]로 소리 나기 때문에 '어깨'로 적는다. 하늘도 [하늘]로 소리 나기 때문에 '하늘'로 적는다. 그런데 이 원칙만 있게 되면 아래와 같은 표기가 나온다.

꼬치 꼰나무 꼳꽈

위와 같이 표기하면 '꽃'이라는 뜻이 얼른 파악되지 않고 독서 능률도 떨어진다. 이러한 점을 고려하여 표준어를 어법에 맞도록 적는다는 규정이 만들어진 것이다.

제2항은 말 그대로 글을 쓸 때 단어별로 띄어 써야 하는 것이 원칙이라는 뜻이다. 다만 예외적인 것과 원칙은 아니지만 허용되는 것, 단어인지 아닌지 헷갈리는 것 때문에 띄어쓰기가 어렵게 느껴진다. 그런 만큼 공적인 문서를 쓸 때 맞춤법보다 띄어쓰기를 틀리는 경우가 많다. 모든 띄어쓰기 원칙을 아는 것은 어렵겠지만 적어도 자신의 전공이나 직업의 어문 생활에서 자주 나오는 띄어쓰기는 틀리지 않도록 노력해야 한다.

제3항은 외래어의 경우 외래어 표기법에 따라 표기하라는 규정이다. 예를 들어 초콜릿을 '초콜렛, 초컬릿, 쵸코렛' 등으로 쓰는 경우가 많은데, 외래어 표기법에 따르면 '초콜릿'으로 표기해야 한다. 케이크도 마찬가지이다. '케잌, 케익'이라고 쓰기도 하지만 '케이크'라고 써야 올바른 표기로 인정받을 수 있다. 이외에도 good를 '굳'이라고 쓰는 경우가 많지만 외래어 표기 원칙에 따르면 외래어의 받침은 'ㄱ, ㄴ, ㄹ, ㅁ, ㅂ, ㅅ, ㅇ'만 쓰도록 규정되어 있다. 따라서 good은 '굿'이라고 써야 한다.

혼동되기 쉬운 한글맞춤법과 띄어쓰기 유형

다음 틀린 문장을 고쳐 보자.

1. 그건 안되.
2. 내가 않하고 싶어서 않했어?
3. 얼른 낳으세요!
4. 내가 할께.
5. 어느 쪽을 하던지 마음대로 해라!

활동 잘못된 표기법은 우리 생활 주변에서 의외로 쉽게 찾아볼 수 있다. 사진으로 찍어서 올려 보자.

잘못된 표기법	바른 표기법
사진	문법 설명

1. 준말

사람들은 발음하기 편한 것을 좋아한다. 그래서 긴 음절에 비해 짧은 음절을 좋아하고, 어려운 발음보다 쉬운 발음을 선호한다. 준말도 이러한 사람들의 요구에 의해 생겼다. 준말 중에서 가장 헷갈리는 것은 '되다'의 활용형이다. 원리를 모르면 언제 '되-'를 쓰고, 언제 '돼'를 써야 할지 모르기 때문이다.

'돼'는 '되어'의 준말이다. 간단하게 '되어'로 바꾸었을 때 자연스러우면 '돼'를 적고, 그렇지 않으면 '되-'를 적으면 된다. 예를 들어 '돼요'는 '되어요'가 되기 때문에 '돼'를 쓰고, '됐습니다'는 '되었습니다'가 되기 때문에 '돼'를 쓴다. 그러나 '되고'는 '되어고'가 안 되기 때문에 '되-'를 써야 한다. 다만 '그래도 돼'처럼 종결의 기능을 지닌 '돼'는 '되어'가 안 되는 것 같아도 '돼'로 표기해야 한다.

'나사를 죄다'의 '죄다'와 '선생님을 뵙다'의 '뵙다' 모두 '되다'의 활용형과 동일하다. '나사를 좨 본다'의 '좨'는 '나사를 죄어 본다'가 되기 때문에 '좨'로 써야 한다. '선생님을 봬요' 역시 '뵈어요'가 되기 때문에 '봬요'로 표기한다.

'돼, 좨, 봬'의 표기 원리를 정리하면 다음과 같다.

준말	원 형태	예시
돼	되어	일이 잘 돼(되어O) 간다, 잘 안 되네(되어네X)
좨	죄어	나사 좀 잘 좨(죄어O) 봐, 나사 안 죄고(죄어고X) 뭐해?
봬	뵈어	내일 봬요(뵈어요O), 내일 뵙고(뵈어고X) 싶네요

2. 사이시옷 규칙

사이시옷 규칙은 몇 가지 조건이 갖추어졌을 때 단어에 'ㅅ'을 적는 규칙이다. 예를 들어 '나무'와

'잎'이 결합하면 [나문닙]으로 소리 나므로 '나뭇잎'으로 적어야 한다는 것이다. 사이시옷 규칙은 아래와 같다.

<규칙 1>

① 고유어와 고유어의 결합으로 만들어진 합성어의 앞말이 모음으로 끝난 경우

② 고유어와 한자어의 결합으로 만들어진 합성어의 앞말이 모음으로 끝난 경우

<규칙 2>

① 뒷말의 첫소리가 된소리로 날 때

② 뒷말의 첫소리가 'ㄴ, ㅁ' 앞에서 'ㄴ' 소리가 덧날 때

③ 뒷말의 첫소리가 모음 앞에서 'ㄴㄴ' 소리가 덧날 때

〈규칙 1〉과 〈규칙 2〉를 각각 하나라도 만족하면 사이시옷을 적어야 한다. 규칙에 따른 예는 다음과 같다.

규칙1	규칙2	예시
고유어+고유어	①	바다+속[바다쏙]=바닷속, 모기+불[모기뿔]=모깃불, 아래+집[아래찝]=아랫집
	②	아래+마을[아랜마을]=아랫마을, 비+물[빈물]=빗물, 이+몸[인몸]=잇몸

	③	나무+잎[나문닙]=나뭇잎, 깨+잎[깬닙]=깻잎, 뒤+일[뒨닐]=뒷일
고유어+한자어	①	코+병[코뼝]=콧병, 전세+집[전세찝]=전셋집, 등교+길[등교낄]=등굣길
	②	제사+날[제산날]=제삿날, 계+날[곈날]=곗날, 양치+물[양친물]=양칫물
	③	예사+일[예산닐]=예삿일, 가외+일[가왼닐]=가욋일, 후+일[훈닐]=훗일

한자어와 한자어의 결합으로 이루어진 합성어는 원칙적으로 사이시옷을 적지 않지만, 6가지 예외가 있다. '곳간, 셋방, 숫자, 찻간, 툇간, 횟수'. 이 6가지를 제외하고 한자어 합성어는 사이시옷을 적으면 안 된다. 또한 치킨집이나 피자집처럼 외래어가 들어간 합성어도 사이시옷을 적지 않는다.

한편 동물 중에 수컷의 경우 숫양, 숫염소, 숫쥐만 사이시옷을 적는다. '수+개, 수+강아지, 수+돼지, 수+닭, 수+병아리, 수+당나귀' 등은 사이시옷을 적지 않고, '수캐, 수캉아지, 수퇘지, 수탉, 수평아리'로 적어야 한다. 또한 '웃어른'처럼 '웃'은 아래의 개념이 없을 때만 사용된다. '윗도리'는 '아랫도리'가 있기 때문에 '웃'이 아닌 '윗'을 쓴다.

3. 그 밖의 맞춤법

(1) -든/-던

선택의 의미를 가지고 있을 때 '든'을 쓰고, 과거의 의미를 지니고 있을 때 '던'을 쓴다.

① 그러든지 말**든**지

② 얼마나 멋있**던**지

(2) -게, -걸

종결형 어미인 '－게'와 '－걸'은 '-께, -껄'로 소리 나더라도 '-게, -걸'로 적는다.

① 나 집에 갈**게**

② 오늘 밥 먹으러 갈**걸**

(3) 예요/에요

'예요'는 '이에요'의 준말이므로 앞말이 모음으로 끝난 단어 뒤에 쓴다. '에요'는 '에요' 단독으로 적지 않고 '이에요'로 써야 하는데 앞말이 자음으로 끝난 단어 뒤에 적는다. 단, '아니에요'는 '예요'가 아닌 '에요'로 적어야 한다.

① 사과**예요** / 행주**예요**

② 책상**이에요** / 물**이에요**

③ 아니**에요**

(4) 며칠

며칠은 '몇 일'이 아닌 소리 나는 대로 '며칠'로 적는다. '몇 년, 몇 월'과 달리 '며칠'은 하나의 단어이기 때문이다.

(5) 율/률, 열/렬

모음이나 'ㄴ' 받침 뒤에서는 '율, 열'로 적고, 그 외의 자음으로 끝난 받침 뒤에서는 '률, 렬'로 적는다.

받침	예시
모음, 'ㄴ'	증가율, 내재율 백분율, 생산율, 출산율 / 서열, 나열, 치열, 분열, 균열
나머지 자음	확률, 출석률, 발병률, 경쟁률, 성공률 / 시청률, 행렬, 정렬, 직렬, 병렬

(6) -개/-게

'-개'는 동작성이 있는 일부 동사 어간 뒤에 붙어서 '도구'의 뜻을 더한다. '-게'도 '도구'의 뜻을 더하지만 '집게'처럼 한 단어로 굳어진 일부 단어에서만 나타난다.

① 지우**개** / 덮**개** / 이쑤시**개**

② 집**게**

(7) -장이/-쟁이

직업이나 장인의 의미가 있는 경우 '-장이'를 쓰고, 어떤 특징이나 놀림의 의미를 지니는 경우 '-쟁이'를 쓴다.

① 유기**장이** / 대장**장이**

② 겁**쟁이** / 개구**쟁이** / 난**쟁이**

(8) 머지않아/멀지 않아

시간적으로 멀지 않다는 의미일 때 '머지않아'를 쓰고, 공간적으로 멀지 않다는 의미일 때 '멀지 않아'를 쓴다.

① 난 **머지않아** 집에 간다.

② 집이 **멀지 않아** 좋다.

(9) 너머/넘어

공간을 나타낼 때 '너머'를 쓰고, 움직임을 나타낼 때 '넘어'를 쓴다.

① 산 **너머** 강촌에는 누가 살길래.

② 산을 **넘어** 집으로 간다.

(10) 띠다/띄다

형태나 색깔, 성질을 나타내면 '띠다'를 쓰고, 눈과 귀에 관련된 것은 '띄다'를 쓴다.

① 허리에 띠를 **띤다**. / 붉은빛을 **띤다**. / 미소를 **띤다**.

② 눈에 **띈다**. / 귀에 **띈다**.

(11) 왠/웬

'왠'은 '왠지'의 형태로만 쓰이고, '어찌된, 어떠한'의 뜻을 지닌 '웬'은 '웬 선물이야?, 웬 책이 이렇게 많아?'처럼 하나의 형태로 쓰인다.

① **왠지** 놀러 가고 싶다.

② **웬** 선물이야? / **웬** 책이 이렇게 많아?

(12) -로서/-로써

'로서'는 지위나 신분, 동작의 시작을 나타내는 조사이고, '로써'는 수단이나 도구, 어떤 일에 기준이 되는 시간을 나타내는 조사이다.

① 교사**로서** 수업에 최선을 다하겠다. / 이 문제는 너**로서** 시작되었다.

② 말**로써** 천 냥 빚을 갚는다. / 고향을 떠난 지 올해**로써** 10년이 지났다.

(13) 채/체

'채'는 '이미 있는 상태 그대로 있다'는 뜻으로 '바지를 입은 채로, 연어를 산 채로'처럼 쓰이고, '체'는 '그럴듯하게 꾸미는 거짓 태도나 모양'이라는 뜻으로 '그를 모른 체했다, 스스로 약자인 체해 왔다'처럼 쓰인다. '체'는 '척'으로 바꾸어 쓸 수 있다.

① 코트를 입은 **채**로 / 연어를 산 **채**로

② 그를 모른 **체**했다. / 스스로 약자인 **체**해 왔다.

4. 띄어쓰기

띄어쓰기는 문서를 작성할 때 가볍게 생각하는 경향이 있다. 하지만 정확한 의미 전달을 위해서는 바른 표기법에서 매우 중요한 요소이다. 특히 띄어쓰기에 따라 의미가 달라지는 경우도 있으므로 주의가 필요하다.

(1) 기본 원칙

문장의 각 단어는 띄어 씀을 원칙으로 한다. 조사 역시 단어이지만 붙여 쓴다.

(1) 나는 너 때문에 이 길로 들어섰다. →문장에서 쓰인 조사는 (　　　)이다.

(2) 너같이 바보 같은 놈은 처음 봤다. →문장에서 쓰인 조사는 (　　　)이다.

(3) 사과**는커녕** 오히려 화를 내던데?

(2) 의존명사

의존명사는 문장 안에서 홀로 쓰이지 못하고 관형어와 함께 나타나는 명사를 말한다. (단위(개, 명, 대, 돈 등), '것', '수', '리', '바', '줄', '데, 지' 등)

① 차∨한∨**대**

② 금∨한∨**돈**

③ 알∨**것**∨같다

④ 할∨**수**∨있다/ 할∨**줄**∨알다/ 할∨**리**가∨없다/ 알∨**바**∨아니다/ 놀∨**데**가∨있다

⑤ 한국에∨온∨**지**∨1년이 되었다/ 알게∨된∨**지**∨1달이 되었다

＊ -'지'는 기간을 나타낼 때만 띄어 쓴다.

(3) 품사의 통용

같은 형태의 단어가 위치한 환경에 따라 두 개 이상의 품사로 쓰이는 경우가 있다. 이 경우 조사와 명사로 사용될 때가 많은데 조사로 쓰일 때는 붙여 쓰고, 명사로 쓰일 때는 띄어 쓴다. 단어가 조사로 쓰일 때는 앞에 명사, 대명사, 수사가 오고, 명사로 쓰일 때는 동사나 형용사가 온다. 한편 '밖에'가 '뿐'이라는 의미로 사용되었다면 붙여 쓰고, '바깥'이라는 의미로

사용되었다면 띄어 쓴다. '같이'도 '처럼'의 의미로 사용되었다면 붙여 쓰고, '함께'의 의미로 사용되었다면 띄어 쓴다.

① 그**만큼** 나도 공부한다 / 나도 공부할 **만큼** 공부했다

② 나는 나**대로** 살게 / 그는 부모님이 가르쳐주신 **대로** 살았다

③ 그는 집**밖에** 모른다 / 그는 집 **밖에** 있다

④ 나는 그 사람**같이** 정의롭고 싶다 / 나는 그와 **같이** 놀고 싶다

(4) 보조용언

보조용언은 서술부에 용언이 두 개 이상이 쓰였을 때 뒤에 있는 용언이 본래의 의미를 상실한 용언을 말한다. 예를 들어 '밥을 먹고 버렸다'는 '먹고'라는 용언과 '버렸다'라는 용언 모두 본래 의미를 가지고 있지만, '밥을 먹어 버렸다'에서의 '먹어'는 본래의 의미가 있지만 '버렸다'는 본래의 의미를 상실하고 '먹어'의 의미를 강조하는 기능만 한다. 이런 경우 '버렸다'를 보조용언이라고 한다. 보조용언은 띄어 쓰는 것이 원칙이지만 앞말과 붙여 쓰는 것도 허용된다.

① '-아/-어/-여' 뒤에 연결되는 보조 용언: 먹어 **봐**(원칙), 먹어**봐**(허용) / 만들어 **줄게**(원칙), 만들어**줄게**(허용)

② 의존명사에 '하다' '싶다'가 붙어서 된 보조용언 : 눈이 올 듯하다(원칙), 올듯하다(허용) / 알 **만하다**(원칙), 알**만하다**(허용) / 그럴 **법하다**(원칙), 그럴**법하다**(허용) / 아는 **척하다**(원칙), 아는**척하다**(허용) / 비가 올 **성싶다**(원칙), 비가 올**성싶다**(허용)

(5) 안되다/안v되다

붙여 쓴 '안되다'는 '훌륭하지 못하다, 일정한 수준이나 정도에 이르지 못하다, 가여워 마음이 언짢다, 근심이나 병으로 얼굴이 많이 상하다'라는 뜻으로 쓰인다. '안되다'는 '잘되다'의 반대 개념이다. 반면 띄어 쓴 '안 되다'는 단순하게 '되다'를 부정한 '되지 않다'라는 뜻을 지니고 있다. '안 되다'는 '되지 않다'로 바꿔도 큰 문제가 없다.

① 장사가 **안돼** 큰일이다 / 자식 **안되기**를 바라는 부모는 없다

② 그것 참, **안됐구나** / 몸살을 앓더니 얼굴이 많이 **안됐구나**

③ 그렇게 하면 **안v돼** / 그는 의사가 **안v됐다**

(6) 잘되다/잘v되다

붙여 쓴 '잘되다'는 '훌륭하다, 멋지다'는 의미를 지닌 단어이고, 띄어 쓴 '잘v되다'는 '바르게, 좋게, 익숙하게'의 의미를 지닌 '잘'에 '되다'의 의미가 더해진 말이다.

① 농사가 **잘돼** 너무 좋다 / 자식이 **잘되기**를 바란다

② 생분해 컵은 분해가 **잘v된다** / 이 기계는 조그만 충격에도 파손이 **잘v된다**

(7) 못하다/못v하다

붙여 쓴 '못하다'는 '어떤 일을 수준에 못 미치게 하거나 그 일을 할 능력이 없다, 비교 대상이 미치지 않다, 아무리 적게 잡아도'의 뜻을 지닌 단어이다. '못하다'는 '잘하다'의 반대 개념이므로 '잘하다'로 바꿨을 때 말이 되면 '못하다'를 붙여 써야 한다. 반면 띄어 쓴 '못v하다'는 '하다'가 나타내는 동작을 할 수 없거나 특정 상태가 이루어지지 않았다는 것을 의미한다.

① 노래를 **못한다** / 음식 맛이 예전만 **못하다** / **못해도** 100만 원은 벌었겠지

② 용서를 **못v한다**

한글맞춤법과 띄어쓰기 퀴즈

다음 맞춤법 테스트를 통해 자기 스스로가 모국어인 한국어에 대해 얼마만큼 이해하고 있고, 또는 얼마나 부족한지 알아보자.

맞춤법 다음 문장을 읽고 올바른 표현을 고르시오.

1. (① 며칠 ② 몇 일)만 시간을 주세요.
2. 오늘 (① 설거지 ② 설겆이) 당번은 누구?
3. 한국 밥상에는 국과 (① 찌개 ② 찌게)가 따른다.
4. 거기 있는 (① 집개 ② 집게)를 집어 주게.
5. 그 분의 직업은 (① 유기장이 ② 유기쟁이)라고 들었어.
6. 너는 정말 (① 말썽장이 ② 말썽쟁이)구나!
7. (① 뚝배기 ② 뚝빼기)에 된장찌개를 끓이면 맛있다.
8. 그 집은 볕이 잘 드는 (① 언덕배기 ② 언덕빼기)에 있다.
9. (① 얼룩배기 ② 얼룩빼기) 황소가 해설피 금빛 게으른 울음을 우는 곳.
10. 얼굴이 굉장히 (① 애띠다 ② 앳되다).
11. 네 생각을 들으면 들을수록 (① 어의없다 ② 어이없다).
12. 흉터는 (① 금새 ② 금세) 낫는다고 하니 다행이야.
13. 이것은 (① 일찍이 ② 일찌기) 경험하지 못한 일이다.
14. 그 많은 문제를 (① 일일이 ② 일일히) 검토하려니 골치가 아파.
15. 라면이 (① 붇기 ② 불기) 전에 먹어라.
16. 병이 (① 낳아서 ② 나아서) 어디든 갈 수 있다.

17. 나는 역사적인 사명을 (① 띠고 ② 띄고) 이 땅에 태어났다.

18. 사업을 (① 벌이다 ② 벌리다).

19. 왜 이렇게 속을 (① 썩이니 ② 썩히니)?

20. 어제 월세를 (① 치렀습니다 ② 치뤘습니다).

21. 통일은 우리 모두의 (① 바램 ② 바람)이다.

22. (① 멀지않아 ② 머지않아) 밝은 미래가 있습니다.

23. 봄이 오면 세상이 (① 아름다와지다 ② 아름다워지다).

24. 하늘을 (① 날으는 ② 나는) 원더우먼.

25. (① 교사로서의 ② 교사로써의) 자각이 필요하다.

26. 그는 열심히 (① 공부함으로써 ② 공부하므로써) 부모님의 은혜에 보답하고자 한다.

27. (① 가든지 오든지 ② 가던지 오던지) 알아서 하시오.

28. 우리의 제안을 어떻게 (① 생각할는지 ② 생각할런지) 모르겠어.

29. 할머니께서는 나에게 장차 훌륭한 사람이 (① 되 ② 돼)라고 말씀하신다.

30. 괜찮아, 내가 도와 (① 줄게 ② 줄께).

31. 오늘 비가 (① 온대요 ② 온데요).

32. 공사 중이니 돌아가 (① 주십시요 ② 주십시오).

33. (① 왠지 ② 웬지) 가슴이 두근거린다.

34. (① 홑몸 ② 홀몸)도 아닌데 너무 무리하지 마세요. (*'임신부'에게 하는 말.)

35. 그는 날 보고도 못 본 (① 체 ② 채) 했다.

36. 지난 주말 동물원에서 처음으로 (① 수사슴 ② 숫사슴)을 봤어!

37. 비가 오는 날에는 (① 해님 ② 햇님)이 보고 싶다.

38. 시험에 떨어졌으니 앞으로 (① 어떻해 ② 어떡해).

39. 맑게 갠 날씨를 보니 왠지 마음이 (① 설레인다 ② 설렌다).

40. 이 뮤지컬에서 네가 맡은 (① 역할 ② 역활)은 정말 멋지구나!

41. (① 오랫만에 ② 오랜만에) 만나니 더욱 반가워요.

42. 오늘 모임의 2차는 시원한 (① 맥주집 ② 맥줏집)이 어떨까?

43. 오늘 우럭과 광어 (① 시가 ② 싯가)가 어떻게 되나요?

44. 이 동네에 맛있는 (① 피자집 ② 피잣집) 없니?

45. (① 웃어른 ② 윗어른)을 공경하는 습관을 갖자.

46. 오늘 회의는 (① 결열 ② 결렬)입니다.

47. (① 운율 ② 운률)이 없으면 시(詩)가 될 수 없어.

48. 건강을 위해 담배를 (① 삼가하도록 ② 삼가도록) 합시다.

49. 오늘은 (① 않 되나요? ② 안 되나요?)

50. 그건 내가 한 게 (① 아니에요. ② 아니예요.)

띄어쓰기 다음 문장을 올바르게 띄어 쓰시오.

51. 믿을것은오직나의능력뿐이다.

52. 국어는공부할만한과목입니다.

53. 그는의지할데가없는사람이다.

54. 집에가는데비가왔다.

55. 그가떠난지한시간정도됐다.

56. 손이얼음장같이차다.

57. 본대로느낀대로말하여라.

58. 오늘날씨가좋아야할텐데.

59. 다음학기부터는열심히공부할거야.

60. 일년동안하루에세번씩했는데안됐다.

단원 마무리

학습 마무리 체크

☐ 1. 나는 '-로서'와 '-로써'의 차이를 설명할 수 있다. (O, X)

☐ 2. 나는 '위/웃/윗'의 용례를 구분할 수 있다. (O, X)

☐ 3. 띄어쓰기의 기본은 '단어를 띄어쓴다.'이다. (O, X)

☐ 4. 의존명사는 띄어 쓴다. (O, X)

☐ 5. 나는 접두사 '숫-'과 결합하는 동물 세 가지를 알고 있다. (O, X)

어문 규정 또는 한글맞춤법에 대해 새롭게 알게 된 사실이나 수업 내용을 정리해 보자.

PART

3

문서이해능력

학습 목표

1. 문서이해능력의 의미와 중요성을 설명할 수 있다.
2. 다양한 문서의 종류와 양식을 설명할 수 있다.
3. 문서이해의 구체적인 절차를 말할 수 있다.

사전 체크리스트

□ 1. 나는 문서를 읽고 핵심을 원활하게 파악하는 편이다. (O, X)

□ 2. 내가 알고 있는 문서의 종류는 총 다섯 가지가 넘는다. (O, X)

□ 3. 보도자료(기사문)을 읽고 기사의 요점을 잘 파악하곤 한다. (O, X)

□ 4. 문서를 읽고 나서는 자신에게 요구되는 행동이 무엇인지 생각하는 편이다. (O, X)

□ 5. 나는 문서를 읽고 메모하는 습관이 있다. (O, X)

3분 글쓰기

BRAINSTORMING

문서이해 또는 문서이해능력에 대한 자신의 생각을 3분 동안 쉬지 않고 떠오르는 대로 써 보자. 체계를 갖추지 않고 자유롭게 써도 된다.

문서의 이해와 종류

평소의 대인 관계에서나 직장생활에서나 효과적인 의사소통은 필수 요인이다. 하지만 우리는 자신도 알지 못하는 사이에 원만한 의사소통을 저해하는 행동을 하기도 한다.

사례1 다음 중 설명으로 적절하지 않은 것은?

> 우리 생활 주변에서는 어떤 결과를 가정하고 나서 그 가정이 맞는지 틀리는지를 알아보려고 하는 경우가 자주 있다. 어떤 공장 종업원의 학력이 다른 공장 종업원보다 높다든가, IQ가 높은 사람은 수학 점수가 좋다는 등 어떤 집단에 대한 가정을 하는 경우가 그것이다. 모집단의 특성에 대한 이러한 가정은 옳을 수도 있으며 또 옳지 않을 수도 있다. 이와 같은 가정을 확인하기 위해서는 모집단 전체에 대한 조사를 해야 하겠지만 이것은 불가능하거나 설사 가능하더라도 비용이 너무 많이 들 때가 있다. 이때는 표본을 선택하여 그 표본을 분석함으로써 모집단에 관한 가설의 타당성을 검토할 수 있다. 이러한 목적에 사용되는 통계적 방법이 바로 가설 검정이다.

① 가설 검정이 무엇인지를 설명하는 글이다.

② 가설 검정이 필요한 때와 구체적인 예시를 들고 있다.

③ 어떤 문제를 확인할 수 있는 방안 중 하나로 가설 검정을 들고 있다.

④ 표본과 모집단을 모두 조사하되, 표본의 분석을 토대로 타당성을 검토한다.

→ 정답은 ④이다.

사례2 좀더 나아가서 생각하면? **출처 : 안우경, 『씽킹101』, 흐름출판, 2023**

> 자존감과 리더십 자질의 관계에 관심이 있는 연구자가 리더십 자질이 높다고 판명된 1,000명을 조사했다. 조사 결과, 이 중에서 990명은 자존감이 높았지만, 나머지 10명은 자존감이 낮았다. 이 데이터를 통해 가장 확실하게 도출할 수 있는 결론은 무엇인가?

① 자존감이 높을수록 리더십 자질이 높다.

② 자존감이 낮을수록 리더십 자질이 높다.

③ 자존감과 리더십 자질 사이에는 연관성이 없다.

④ 이 데이터만 가지고는 어떠한 결론도 도출할 수 없다.

→ ①이라고 생각하기 쉽다. 하지만 이 가설이 틀릴 수도 있다. 그 이유는 리더십 자질이 부족한 사람들에 대한 데이터가 없기 때문이다. 만약 리더십 자질이 부족한 사람들 99퍼센트도 자존감이 높다고 한다면, 리더십과 자존감 사이에는 당연히 아무 관계가 없는 셈이다. 연구자가 해당 데이터를 가지고 있지 않으므로 정답은 (④)이다.

1. 문서의 이해

문서란 제안서, 보고서, 기획서, 편지, 이메일, 팩스, 메모, 공지 사항 등 문자로 구성된 것을 말한다. 그리고 문서이해능력은 직업 현장에서 자신의 업무와 관련된 인쇄물이나 기호화된 정보 등 필요한 문서를 확인하여 문서를 읽고, 내용을 이해하고 요점을 파악하는 능력이다. 주어진 문장이나 정보를 읽고 이해하여, 자신에게 필요한 행동이 무엇인지 추론할 수 있어야 하며, 도표, 수, 기호 등도 이해하고 표현할 수 있는 능력을 의미한다.

국가직무능력표준(NCS)에서 말하는 문서이해능력은 직업 현장에서 자신의 업무와 관련된 인쇄물이나 기호화된 정보 등 필요한 문서를 확인하여 문서를 읽고, 내용을 이해하여 요점을 파악하는 능력을 말한다. 즉, 직장에서 복잡하고 다양한 문서를 읽고, 그 내용을 이해하여 요점을 파악하는 능력이 직장에서의 문서이해능력이다. 그러므로 직장 내에서 많은 문서에 담긴 수많은 정보 중 핵심 내용을 이해하고 찾아내는 문서이해능력은 직장인에게 요구되는 매우 중요한 능력이다. 문서를 제대로 이해하지 못한다면 자신에게 주어진 업무가 무엇인지, 자신에게 요구된 행동이 무엇인지 파악하지 못해 원활한 직장생활을 영위할 수 없다.

2. 문서의 종류

우리는 직장생활에서 수많은 문서를 접하게 되는데 문서의 종류가 다양하고, 각 문서에 따라 용도가 다르다. 직장생활에서 접하게 되는 많은 종류의 문서의 성격과 특징을 살펴보자.

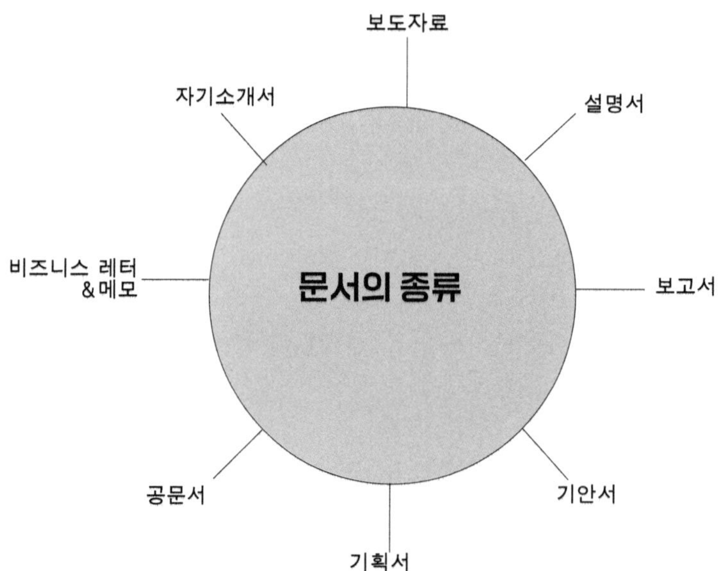

(1) 공문서

공문서란 정부 행정기관에서 대내적, 혹은 대외적 공무를 집행하기 위해 작성하는 문서를 의미한다. 정부 기관이 일반 회사 또는 단체로부터 접수하는 문서 및 일반 회사에서 정부 기관을 상대로 사업을 진행하려고 할 때 작성하는 문서도 포함된다. 엄격한 규격과 양식에 따라 정당한 권리를 가진 사람이 작성해야 하며 최종 결재권자의 결재가 있어야 문서로서의 기능이 성립된다.

○○○○○ 협회

우) 12345 경기도 파주시 ○○길 / 전화 031-123-4567 / 담당 김길동

문서번호 : 가나 2024-123 (○○부) 시행일자 : 2024. 3. 2.

경 유 : ○○담당 부서장
수 신 : 회원 사 각위
참 조 : 담당 과장
제 목 : '문학 포럼' 참여 안내

---

1. 귀 기관의 무궁한 발전을 기원합니다.

2. 우리 협회에서는 기업 문학의 발전을 위해 '문학 포럼'을 개최하오니 회원사 여러분의 많은 참여를 부탁드립니다.

\- 다 음 -

가. 행사명 : '문학 포럼'
나. 참가 대상 : 회원사 및 관계사
다. 참가 신청 마감 : 2024. 3. 20(수) 18:00까지
라. 제출처 및 서류 : 참가자 신청서 1부
마. 제출 방법 : 이메일 또는 우편
바. 참가 문의 : 총무부 김길동 (T. 031-123-4567)

별첨 : 참가 신청서 1부. 끝.

○○○○○ 협회
회장 ○○○ 직 인

＊ 이 문서를 읽고 이해해야 할 내용과 취할 행동은?

(2) 기획서

기획서란 새로운 제도나 신제품의 개발 및 판매를 위한 계획, 업무 개선을 위한 제안 등 아이디어를 바탕으로 구체적인 계획을 수립하여 기획 내용을 시행하도록 설득하는 문서이다.

(3) 기안서

기업 활동 중 어떤 사항의 문제 해결을 위해 해결 방안을 작성해 결재권자에게 업무 협조를 구하거나 의사결정을 요청할 때 작성하며, 흔히 사내 공문서로 불린다.

기 안 서

기안일자 : 2024년 7월 10일

문서번호 : ○○제○123-45호

기안부서 : 편집부

협조부서
총무부 경리부 인사부

담당	팀장	부서장	사장

제목 : 뉴스레터 발행의 건

1. 우리 회사 직원들의 원활한 커뮤니케이션과 대외 이미지를 제고하기 위해 뉴스레터를 발간하고자 합니다

2. 뉴스레터는 홍보지와는 달리 새로운 정보와 소식지로서의 역할이 기대되오니 아래의 사항을 검토하시고 재가해 주시기 바랍니다.

\- 아　　래 -

가. 제호 : 아름다운 우리
나. 판형 : 140×210mm
다. 페이지 : 30쪽
라. 출간 예정일 : 2024. 9. 7.

별첨 견적서 1부. 끝.

(4) 보고서

특정한 일에 관한 현황이나 그 진행 상황 또는 연구, 검토 결과 등을 보고하고자 할 때 작성되는 문서이다. 보고서에는 영업 상황을 보고하는 영업 보고서, 수입과 지출 결과를 보고하는 결산 보고서, 매일의 업무를 보고하는 일일업무 보고서, 주간 업무를 보고하는 주간업무 보고서, 출장 결과를 보고하는 출장 보고서, 회의 결과를 정리해 보고하는 회의 보고서 등이 있다.

(4) 설명서

대개 상품의 특성이나 사물의 성질과 가치, 작동 방법이나 과정을 소비자에게 설명하는 것을 목적으로 작성된 문서이다. 소비자에게 상품의 특징을 친근하면서도 쉽게 전달하는 상품 소개서와 제품의 사용법에 대해 자세히 알려주는 제품 설명서가 있다.

(5) 보도자료[기사문]

정부기관이나 기업체, 각종 단체 등이 언론을 상대로 자신들의 정보가 기사로 보도되도록 하기 위해 보내는 자료이다. 보도자료는 5W1H, 즉 육하원칙을 지켜 작성된다.

(6) 자기소개서

개인의 가정환경과 성장과정, 입사 동기와 근무 자세 등을 구체적으로 기술하여 인사 담당자에게 자신의 가치를 소개하는 문서이다.

자기소개서 작성 과정

자기소개서 양식 확인 → 지원 기관에 대한 정보 수집 → 주제 정하기 → 내용 구상과 정리 → 작성 → 다듬기 → 수정하기

[참고] 자기소개서 작성 시 다음과 같이 식상한 문구는 피하자 BEST 10

1	'나는'으로 시작하는 문장의 중복
2	뽑아만 주신다면
3	우등생, 반장, 1등
4	엄격하지만 자상하신 부모님의 가르침
5	화목한 가정의 몇 남 몇째로 태어나
6	초일류, 최고의
7	무슨 일이든 열심히
8	솔직히 말씀드리면
9	준비된 인재
10	약속드립니다.

100인 이상 기업 인사 담당자 126명 대상 조사, 자료: 인크루트

(7) 비즈니스 레터[E-mail]

사업상의 이유로 고객 혹은 단체에 보내는 편지이며 직장 업무나 개인 간의 연락, 직접 방문하기 어려운 고객 관리 등을 위해 사용되는 비공식적 문서나 제안서나 보고서 등 공식적인 문서 전달에도 쓰인다.

(8) 비즈니스 메모

업무상 필요한 중요한 일이나 앞으로 체크해야 할 일이 있을 때 필요한 내용을 메모 형식으로 작성하여 전달하는 글을 말한다. 비즈니스 메모에는 전화 메모, 회의 메모, 업무 메모 등이 있다.

2024. 02. 26(월) 13 : 15

전화 메모

김길동 이사님께

문화산업의 이한국 사장님께서 00사업 건으로 전화를 요청하셨습니다.

이한국 사장님께서는 오늘 오후 7시까지 회사(123-4567)에 계신다고 합니다.

박 성 실 기록

문서이해의 절차와 필요 사항

문서는 다음과 같은 절차를 거쳐 올바르게 이해할 수 있다.

① 문서의 목적 이해하기
② 문서가 작성되게 된 배경과 주제 파악하기
③ 문서에 쓰인 정보를 밝혀내고, 문서가 제시하고 있는 현안 문제 파악하기
④ 문서를 통해 상대방의 욕구와 의도 및 내게 요구되는 행동에 관한 내용 분석하기
⑤ 문서에서 이해한 목적 달성을 위해 취해야 할 행동을 생각하고 결정하기
⑥ 상대방의 의도를 도표나 그림 등으로 메모하여 요약, 정리해 보기

문서이해를 위해 다음과 같이 필요한 사항도 있다.

① 각 문서에서 꼭 알아야 하는 중요한 내용만을 골라 필요한 정보를 획득하고, 수집하여 종합하는 능력이 필요하다.
② 주어진 모든 문서를 이해했다 하더라도 그 내용을 모두 기억하기란 불가능하므로, 구체적인 절차에 따라 문서를 이해하고, 정리하는 습관을 들여 문서이해능력과 내용 종합 능력을 키워나가려는 노력이 필요하다.
③ 책이나 업무에 관련된 문서를 읽고, 자기만의 방식으로 소화하여 작성할 수 있는 능력이 필요하다.

활동1 여러분이 읽는 책 종류는? 읽은 책들을 떠올려 보자.

① ②

③ ④

활동2 산수유와 대나무

뒷산 땅속 바로 밑에는 산수유 씨앗과 대나무 씨앗이 살았습니다. 둘은 서로 가까이 지내다 보니 좋은 친구이자 동료가 되었습니다. 시간이 지나자 산수유는 점점 두각을 나타내기 시작했습니다. 키도 빨리 자라고 노란색 꽃잎을 한 무더기씩 피워 내는 것이 주변 나무들에게는 부러움의 대상이었습니다. 대나무도 매일같이 준비도 하고 노력도 했지만 멋진 꽃은커녕 남에게는 보이지도 않는 뿌리만 이리저리 퍼져 나갈 뿐이었습니다. 하지만 대나무에게는 굳건한 의지가 있었습니다. 비록 어둡고 눈에 잘 띄지 않는 일이라도 최선을 다했습니다. 하지만 세상은 대나무를 인정해주지 않았습니다. 다섯 해가 지날 동안 겉으로 보여준 것이 아무것도 없었기 때문이었습니다. 하지만 변화는 너무나 짧은 시간 동안 일어났습니다. 그렇게 꼼짝않던 대나무가 단 1년 만에 12미터가 자라버린 것입니다. 모든 씨앗은 싹을 틔우기 전에 어두운 땅속에서 생명의 의지 확인과 노력의 시간을 보냅니다. 어떤 씨앗인지에 따라 만개하는 시점은 다르겠지만 결국 얼마나 많은 열매를 맺느냐는 지금 당장 눈에 보이지 않더라도 자신의 때를 위해 노력하고 도전한 시간들의 소산입니다.

출처 : 심재우, 『스토리텔링 책쓰기』, 맘스퀘스천, 2021

주제 : 모든 일에 있어 너무 조급히 서두르거나 조급해하지 말고 목표를 향해 인내를 가지고 정진하라.

작성하기 : 나는 산수유일까? 대나무일까? 그렇게 생각하는 이유는?

단원 마무리

학습 마무리 체크

- ☐ 1. 공문서는 수신자와 발신자가 모두 공공기관인 경우 작성할 수 있다. (O, X)
- ☐ 2. 문서이해능력은 직장인에게 요구되는 필수적인 능력이다. (O, X)
- ☐ 3. 나는 기획서와 기안서의 차이를 설명할 수 있다. (O, X)
- ☐ 4. 문서이해의 절차 첫 단계는 '문서가 작성되게 된 배경과 주제를 파악하기'이다. (O, X)
- ☐ 5. 문서를 읽고 나에게 필요한 정보를 획득하고 수집하는 능력이 반드시 요구된다. (O, X)

문서이해능력에 대해 새롭게 알게 된 사실이나 수업 내용을 정리해 보자.

기출문제

1. 다음은 문서이해능력에 대한 설명이다. (A), (B)에 들어갈 용어를 적어 보자.

문서이해능력이란 직업 현장에서 자신의 업무와 관련된 인쇄물이나 기호화된 정보 등 필요한 문서를 확인하여 문서를 읽고, (A)하고 (B)하는 능력이다. 주어진 문장이나 정보를 읽고 이해하여 자신에게 필요한 행동을 추론할 수 있어야 하며 도표, 수, 기호 등도 이해하고 표현할 수 있어야 한다.

(A)

(B)

[2-4] 다음에서 설명하는 문서의 종류가 무엇인지 적으시오.

2. 적극적으로 아이디어를 내고 기획해 하나의 프로젝트를 문서 형태로 만들어 상대방에게 기획의 내용을 전달하여 기획을 시행하도록 설득하는 문서이다.

____

3. 회사의 업무에 대한 협조를 구하거나 의견을 전달할 때 작성하며 흔히 사내 공문서로 불린다.

____

4. 자신의 가정환경과 성장과정, 입사 동기와 근무 자세 등을 구체적으로 기술하여 자신을 소개하는 문서이다.

____

5. 문서이해능력에 대한 설명 중 적절하지 않은 것을 고르시오.

① 문서에 나타나는 그래프나 도표 등은 시각적 자료이므로 문서이해에 포함되지 않는다.

② 문서에서 주어진 문장이나 정보를 읽고 이해할 수 있어야 한다.

③ 문서의 내용을 통해 자신에게 필요한 행동이 무엇인지 추론할 수 있어야 한다.

④ 문서이해능력이란 필요한 문서를 읽고 내용을 이해하고 요점을 파악하는 능력이다.

PART

4 문서작성능력

학습 목표

1. 문서작성의 개념 및 중요성을 설명할 수 있다.
2. 문서작성의 종류 및 목적과 상황에 따른 예시를 설명할 수 있다.
3. 문서작성의 절차와 과정을 설명할 수 있다.
4. 문서작성 시 원칙과 주의사항을 설명할 수 있다.
5. 효과적인 문서작성의 예시를 이해할 수 있다.

사전 체크리스트

- [ ] 1. 나는 '글쓰기'를 좋아하는 편이다. (O, X)
- [ ] 2. 나는 상황과 종류에 따른 문서작성법을 알고 있다. (O, X)
- [ ] 3. 설명서에는 많은 시각 자료가 포함되면 좋다. (O, X)
- [ ] 4. 모든 문장은 최대한 간략하게 작성해야 한다. (O, X)
- [ ] 5. 모든 문서의 첨부 자료는 다양할수록 좋다고 생각한다. (O, X)

3분 글쓰기

BRAINSTORMING

문서작성 또는 문서작성능력에 대한 자신의 생각을 3분 동안 쉬지 않고 떠오르는 대로 써 보자. 체계를 갖추지 않고 자유롭게 써도 된다.

문서의 작성

사례 좋은 글과 나쁜 글의 기준

커뮤니케이션 컨설팅 회사 'The Executive Writer'의 CEO 케빈 라이언은 『이렇게 써야 보스가 주목한다』라는 책에 좋은 글과 나쁜 글을 구분하는 다섯 가지 기준을 미납 고객에게 미수금을 알리는 예문과 함께 제시했다.

좋은 글

밥 켈리 씨에게

저는 귀하의 납입금이 현재 90일 연체되어 있음을 알려드리려고 이 문서를 보냅니다. 귀하의 현재 미납 금액은 $10,985.46입니다. 본 청구 금액과 관련해서 궁금하신 점이 있으시면 앤 스미스에게 문의하십시오. 전화번호는 0000-0000입니다. 만약 5월 15일까지 전액 완납되지 않을 시에는 당사의 규정에 따라 귀하의 계정을 미수금 처리 대행 회사로 넘길 수밖에 없음을 알려드립니다. 저는 이 문제가 상호 유익한 방향으로 해결되기를 바랍니다.

메리 존스 올림

나쁜 글

밥 켈리 귀하

귀하는 상기에 기재한 바와 같이 1098.546달러를 연체하고 있으며 90일이 넘으면 우리는 미수금 처리 대행사에 연락할 것입니다. 만약 귀하가 바로 0000-0000으로 앤 스미스에게 연락하지 않으면 우리는 5월 15까지 전액을 받아야 합니다.

메리 존스 올림

아주 좋은 비즈니스 문서	1. 명확한 메시지는 글쓴이를 똑똑한 인물로 보이게 한다. 2. 무엇을 해야 하는지 정확하게 알 수 있다. 3. 단호하지만 정중한 어조로 말한다. 4. 고객과의 관계를 생각한다.
무난한 비즈니스 문서	1. 사소한 오탈자가 있지만 메시지는 분명하다. 2. 무엇을 해야 하는지 알 수 있다. 3. 읽는 사람이 불쾌하지 않지만 유쾌하지도 않다. 4. 전달해야 하는 내용만 전달하고 인사를 생략했다.
어중간한 비즈니스 문서	1. 메시지는 전달되지만 글쓴이를 미숙한 인물로 보이게 한다. 2. 처음 읽었을 때 무엇을 해야 하는지 얼핏 알 수 있다. 3. 문장의 구조와 오탈자 때문에 내용을 명확하게 이해하려면 반복해서 읽어야 한다. 4. 문장의 오류가 많아서 내용에도 오류가 의심된다.
나쁜 비즈니스 문서	1. 메시지를 분명하게 전달하지 못한다. 2. 문서만으로는 내용을 확인할 수 없어서 전화로 다시 물어봐야 한다. 3. 글쓴이를 아주 서툰 인물로 보이게 한다. 4. 전화로 문의할 때에도 서툰 인물이라는 인상을 가지고 있기 때문에 비즈니스에서 문제를 야기할 수 있다.
아주 나쁜 비즈니스 문서	1. 메시지가 명확하지 않고 문장도 엉망이다. 2. 이 문서로 인해서 회사와 고객은 모두 피해를 볼 수 있다. 3. 금액을 표시할 때 쉼표와 마침표를 제대로 찍지 못해서 정확한 금액을 고지하지 못했다. 4. 오탈자나 문장 구성에 관계없이 글 전체가 잘못된 문장이다.

→ 케빈 라이언은 아주 좋은 비즈니스 문서부터 나쁜 비즈니스 문서까지 5단계로 구분했다.

→ 외부로 내보내는 공문서, 회사 내부에서 공유하는 문서 모두 마찬가지이다. 내용이 명확하지 않고 오탈자가 자주 눈에 띄면 문서를 작성한 사람에 대한 신뢰도 떨어진다. 문서 하나로 긍정적인 이미지를 남겨서 비즈니스에 큰 도움을 받을 수 있고 그 반대가 될 수도 있다. 비즈니스 문서는 숨겨진 의미를 전달하는 게 아니다. 보는 즉시 이해하고 어떤 행동을 해야 하는지 알 수 있게 정리해야 한다.

1. 문서 작성의 의미

우리는 문서 작성을 통해 자신의 생각을 보다 구체적이고 논리적으로 정리하여 표현할 수 있다. SNS가 발달한 현대 사회에서는 더더욱 글로 자신의 생각과 의견을 표현하는 것이 중요해졌다.

2. 직장생활에서 문서작성의 중요성

직장인에게 글을 쓰는 행위는 의사표현의 또 다른 방법이다. 직장인에게 있어 문서작성은 직장생활의 업무와 관련된 것이 대부분이다. 개인적인 이메일뿐만 아니라 전자결재 시스템을 통한 업무 보고가 당연시되는 시대가 되면서 직장인들은 자신의 생각을 논리 정연하게 표현해야 한다. 게다가 직장에서의 문서작성은 업무와 관련된 일로 조직의 비전을 구체적으로 실현하는 방법이라 할 수 있다. 그렇기 때문에 직장인으로서 하는 문서작성은 좁게는 개인의 의사표현이나 의사소통을 위한 과정일 수도 있지만 넓게는 조직의 사활이 걸린 중요한 업무일 수도 있다.

3. 문서작성 시 고려 사항

문서의 작성 이유와 목적, 전달 내용을 명확히 정한 후 문서를 작성해야 한다. 문서작성은 작성하는 개인의 사고력과 표현력이 총동원된 결정체이다. 그러므로 문서작성 시에 고려해야 할 사항은 대상과 목적, 시기가 포함되어야 하며, 기획서나 제안서 등 경우에 따라 기대효과 등이 포함되어야 한다.

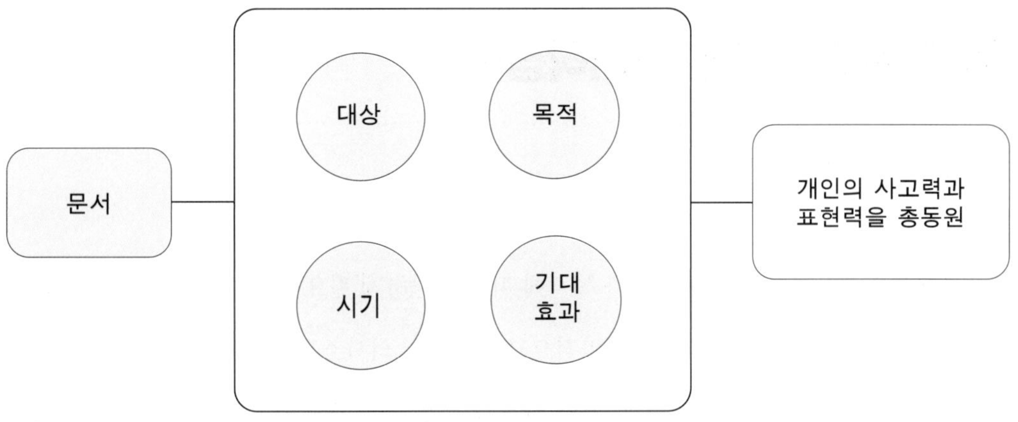

4. 문서작성의 구성 요소

① 품위 있고 짜임새 있는 골격

② 객관적이고 논리적이며 체계적인 내용

③ 이해하기 쉬운 구조

④ 명료하고 설득력 있는 구체적인 문장

⑤ 세련되고 인상적이며 효과적인 배치

상황과 종류에 따른 문서작성법

직장생활에서 사용되는 문서는 상황과 목적에 따라 다양하게 필요하며, 각각의 문서에 따라 문서의 성격도 다르다. 예를 들어 이메일은 일반적으로 개인적인 의사소통수단이지만, 회사 업무 보고서나 고객에게 보낼 때는 업무의 연장선이 된다. 이렇듯 상황과 목적에 맞는 문서의 종류에 따라 적절한 문서를 작성하고 제시하는 능력이 꼭 필요하다 하겠다.

사례 이메일 작성

> 이메일의 첫머리에서는 인사를 한다. 처음 메일을 주고받은 사이라면 간단한 자기소개를 한다. 서로 아는 사이라 하더라도 서두에 소속과 이름, 직책을 밝힌다.
>
> '마케팅팀의 ○○○대리입니다'하는 식이다. 가벼운 인사를 곁들이는 것도 좋다. 너무 쓸데없는 수다를 길게 쓰지 않도록 한다. 본문으로 자연스럽게 넘어갈 수 있을 정도면 충분하다. 용건을 처리하는 데 집중해야 한다. 내가 원하는 바를 최대한 상대가 파악하기 쉽게 쓴다. 명료한 용건 전달에 좋은 방법은 개조식이다. 말하고자 하는 내용을 1, 2, 3… 이런 식으로 번호를 달아 작성한다. 마지막에는 일반적인 마무리 인사로 끝맺는다. 도입부의 인사와 같이 너무 길지 않게 마무리하되 예의 바른 사람이라는 인상을 남기는 게 좋다.

○○인쇄 ○○○ 과장님께

안녕하세요.

○○회사 마케팅팀의 ○○○대리입니다.

날씨가 추워졌는데 잘 지내고 계신지요?

~~저는 지난주에 갑자기 추워져서 감기에 걸렸어요.~~

~~열이 39도까지 올라서 매일 병원을 다녔다니까요.~~ 이번 3월 홍보지에 들어갈 내용은 다음 3가지입니다.

1. 상품 :

2. 내용 :

3. 가격 :

다음주 초(2월 3일)까지 홍보지 초안을 보내주시면 바로 확인하도록 하겠습니다. 혹여 일정에 문제가 있으시면 말씀해 주십시오.

일교차가 심한 날씨에 건강 조심하시기 바랍니다.

감사합니다.

출처 : 이선미, 『마케터의 글쓰기』, 앤의 서재, 2022 -일부 수정

지금 어떤 문서를 어떻게 써야 하는가?를 파악하기 위한 세 가지

① 내가 하는 일은 어떤 일인가?

② 내가 문서를 작성해야 하는 상황은?

③ 이 상황에 필요한 문서는 어떤 것인가?

1. 상황에 따른 문서작성법

직장생활에서 요구되는 문서는 작성해야 하는 상황에 따라 그 내용이 결정되고, 내용에 따라 문서의 성격과 구성해야 할 내용이 결정된다.

(1) 요청이나 확인을 부탁하는 경우

업무를 추진하는 과정 중에 업무 내용과 관련된 요청사항이나 확인 절차를 요구해야 할 때가 있다. 이러한 경우, 일반적으로 공문서를 활용하게 되는데 공문서는 반드시 일정한 양식과 격식을 갖추어 작성하여야 한다.

(2) 정보 제공을 위한 경우

직장생활에서 업무 추진을 통해 일의 성과를 높이기 위해서는 적시에 유용한 정보를 제공할 수 있어야 한다. 자신과 부서에 대한 일반적인 정보뿐 아니라 행사를 개최하거나 제품을 개발했을 경우에도 필요한 정보를 제공해야 한다. 일반적으로 회사 자체에서 보유한 인력으로 홍보나 기업정보를 제공하는 경우가 있는데, 이러한 경우에는 홍보물이나 보도자료 등의 문서가 필요하다. 또한 제품이나 서비스에 대해 정보를 제공해야 하는 경우에는 설명서나 안내서 등이 필요하며, 정보 제공을 위한 문서를 작성하고자 하는 경우에는 시각적인 자료를 활용하는 것이 효과적이다. 또한 모든 상황에서 문서를 통한 정보 제공은 무엇보다 신속하고 정확하게 이루어져야 한다.

(3) 명령이나 지시가 필요한 경우

업무를 추진하다 보면 관련 부서나 외부 기관, 단체 등에 명령이나 지시를 내려야 하는 일이 많다. 이런 경우 일반적으로 업무 지시서를 작성한다. 업무 지시서를 작성할 때는 상황에 적합하고 명확한 내용을 작성할 수 있어야 한다. 또한 단순한 요청이나 자발적인 협조를 구하는 차원의 사안이 아니므로 즉각적인 업무 추진이 실행될 수 있도록 해야 한다.

(4) 제안이나 기획을 할 경우

직장생활에서는 업무에 대한 제안이나 기획을 수립해야 하는 경우가 많다. 제안서나 기획서의 목적은 업무를 어떻게 혁신적으로 개선할지, 어떤 방향으로 추진할지에 대한 의견을 제시하는 것이다. 그러므로 회사의 중요한 행사나 업무를 추진해야 할 경우, 제안서나 기획서를 효과적으로 작성하는 것은 매우 중요하다. 제안이나 기획의 목적을 달성하기 위해서는 관련된 내용을 깊이 있게 담을 수 있는 작성자의 종합적인 판단과 예견적인 지식이 요구된다.

(5) 약속이나 추천을 위한 경우

고객이나 소비자에게 제품의 이용에 관한 정보를 제공하고자 할 때 작성하거나 개인이 다른 회사에 지원하거나 이직을 하고자 할 때 일반적으로 상사가 작성해 주는 문서이다.

2. 종류에 따른 문서작성법

보통 각 회사나 기관별로 고유의 문서양식이 있어서 상황에 따라 적합한 문서를 선정하여 작성하게 된다. 만일, 별도의 양식이 정해져 있지 않으면 일반적으로 많이 쓰이는 양식을 선정하여 작성하도록 한다.

(1) 공문서 작성 방법

공문서는 회사 외부로 전달되는 문서이므로 누가, 언제, 어디서, 무엇을, 어떻게(왜)가 정확하게 드러나도록 작성해야 한다.

날짜 작성 시 유의사항

① 연도와 월일을 반드시 함께 기입한다.

② 날짜 다음에 괄호를 사용할 경우에는 마침표를 찍지 않는다.

내용 작성 시 유의사항

① 한 장에 담아내는 것이 원칙이다.

② 마지막엔 반드시 '끝'자로 마무리한다.

③ 복잡한 내용은 항목별로 구분한다. ('-다음-' 또는 '-아래-')

④ 대외문서이고, 장기간 보관되는 문서 성격에 따라 정확하게 기술한다.

(2) 설명서 작성 방법

① 명령문보다 평서형으로 작성한다.

② 상품이나 제품에 대해 설명하는 글의 성격에 맞춰 정확하게 기술한다.

③ 정확한 내용전달을 위해 간결하게 작성한다.

④ 소비자들이 이해하기 어려운 전문용어는 가급적 사용을 삼간다.

⑤ 복잡한 내용은 도표를 통해 시각화하여 이해도를 높인다.

⑥ 동일한 문장 반복을 피하고 다양하게 표현하도록 한다.

(3) 기획서 작성 방법

기획서 작성 전 유의사항

① 기획서의 목적을 달성할 수 있는 핵심사항이 정확하게 기입되었는지 확인한다.

② 기획서는 상대에게 어필해 상대가 채택하게끔 설득력을 갖춰야 하므로 상대가 요구하는 것이 무엇인지 고려하여 작성한다.

기획서 내용 작성 시 유의사항

① 내용이 한눈에 파악되도록 체계적으로 목차를 구성하도록 한다.

② 핵심 내용의 표현에 신경을 써야 한다.

③ 효과적인 내용 전달을 위해 내용에 적합한 표나 그래프를 활용하여 시각화하도록 한다.

기획서 제출 시 유의사항

① 충분한 검토를 한 후 제출하도록 한다.

② 인용한 자료의 출처가 정확한지 확인한다.

(4) 보고서 작성 방법

활동 일 잘하는 사람의 보고서 작성법 영상을 보고 얻은 정보를 요약해서 정리해 보자.

보고서 내용 작성 시 유의사항

① 업무 진행 과정에서 쓰는 보고서인 경우, 진행 과정에 대한 핵심 내용을 구체적으로 제시하도록 작성한다.

② 핵심사항만을 산뜻하고 간결하게 작성하고, 내용의 중복을 피하도록 한다.

③ 복잡한 내용일 때에는 도표나 그림을 활용한다.

보고서 제출 시 유의사항

① 보고서는 개인의 능력을 평가하는 기본 요인이므로 제출하기 전에 반드시 최종 점검을 한다.

② 참고자료는 정확하게 제시한다.

③ 내용에 대한 예상 질문을 사전에 추출해 보고, 그에 대한 답을 미리 준비한다.

활동 다음 내용을 읽고 회의 보고서를 써 보자.

> A 기업은 2022년 10월 28일에 총무팀장, 자원본부장, 개발사업본부장, 해외투자본부장, 영업3팀장이 참여하는 사내 회의를 진행하였다. 회의는 총무부 주관하에 진행되었으며 잔업시간 단축 사항에 대해 논의하였다. 총무부장은 최근 사내의 잔업시간이 이상하게 길어져 단축할 필요가 있다고 말했다. 참여자들은 이에 모두 동의했다. 그런 뒤 잔업시간이 길어진 이유를 각 부서에서 검토해 이달 중에 문서로 제출하여 다음 회의에서 단축 가능한 방법을 검토하기로 했다. 또 각 부서에서 잔업시간을 재조사하기로 결정했다. 이에 대한 조치사항으로 부서 내 전 사원에 대해 업무 강도에 관한 간단한 앙케트 조사를 실시하고, 잔업시간 재조사 자료를 제출하기로 했다. 이견도 있었다. 총무부에서는 사원 건강 관리를 이유로 잔업을 일정 제한을 고려했지만 영업팀에서 반대하여 유보되었다.

회의 보고서

보고일자 :

보고자 :

회의 보고서 작성 시 참고사항

① 회의 날짜

② 회의 참가자

③ 회의 제목(안건)과 회의 내용

④ 회의에서 결정된 사항 등

문서작성의 원칙과 주의사항

사례 신데렐라 이야기

광고회사에 근무하는 D씨는 최근 어이없는 기획안을 보게 되었다. 신입사원이 작성한 기획안이었는데, 그 기획안은 신입사원이 속한 팀의 팀장이 광고기획안을 만들라고 지시한 것이었다. 평소 글쓰기에 자신이 없었던 신입사원은 어렵사리 작성하여 팀장님께 보여드렸지만 여러 번 퇴짜를 맞았다. 팀장은 D씨에게 연락하여 신입사원이 기획서 작성에 어려움을 겪고 있으니 도와줄 수 없겠냐고 부탁을 해왔다

평소 글쓰기의 달인으로 통하던 D씨는 신입사원이 작성한 기획서를 보게 되었는데 D씨도 기가 막히긴 마찬가지였다.

"두서가 없다는 말이 나올 만하네요. 본론이 없네요, 본론이…" 그러더니 D씨는 뜬금없이 노래를 부르기 시작했다.

"'신데렐라는 어려서 부모님을 잃고요, 계모와 언니들에게 구박을 받았더래요…' 를 '신데렐라는 언니들에게 구박을 받고요, 어려서 엄마 아빠를 모두 다 잃었더래요…' 당신의 글이 지금 이래요. 구성이 뒤죽박죽이라고요."

1. 문서작성의 원칙

공적인 문서인 만큼 일정한 형식 안에서 내용을 일목요연하게 전개해야 하기 위해 정확하고 확실하게 작성하는 것이 요구된다.

(1) 문장을 짧고, 간결하게 작성하도록 한다.

의미 전달에 문제가 없다면 가능한 문장을 짧게 만들고, 문장 표현에서 지나친 기교를 피하여 실질적인 내용을 담을 수 있도록 한다.

(2) 상대방이 이해하기 쉽게 쓴다.

우회적인 표현이나 현혹적인 문구는 되도록 쓰지 않도록 하여야 한다.

(3) 한자의 사용을 자제해야 한다.

문서 의미의 전달에 그다지 중요하지 않은 경우에는 한자 사용을 자제하도록 하며, 상용한자의 범위 내에서 사용하는 것이 상대방의 문서이해에 도움이 될 것이다.

2. 문서작성 시 주의사항

회사마다 각 문서에 대한 정형화된 기본 틀이 있다. 문서작성은 공적으로 자신을 표현하고, 대외적으로는 회사를 대표하는 것이기 때문에 실수가 있어서는 안 되므로, 이러한 정형화된 기본 틀을 갖춰 문서작성 시에 항상 주의하도록 한다.

① 문서는 육하원칙에 따라 써야 한다.

② 문서는 그 작성 시기가 중요하다.

③ 문서는 한 사안을 한 장의 용지에 작성해야 한다.

④ 문서작성 후 반드시 다시 한 번 내용을 검토해야 한다.

⑤ 문서의 첨부자료는 반드시 필요한 자료 외에는 첨부하지 않도록 한다.

⑥ 문서 내용 중 금액, 수량, 일자 등의 기재에 정확성을 기하여야 한다.

⑦ 문장 표현은 작성자의 성의가 담기도록 경어나 단어 사용에 신경을 써야 한다.

문서 표현의 시각화

상대방과의 의사소통 과정에서 자신의 의견을 인상적으로 깊이 받아들이도록 기대하지만 실제 그것이 잘 이뤄지지 않는 경우가 대부분이다. 이는 의사소통 과정에서 사용하는 언어의 활용이 제한적이기 때문이다.

사례 문서를 통해 내용을 효과적으로 전달하기
A와 B 중에 어떤 문서가 더 이해하기 쉬운가? 왜 그런지 생각해 보자.

A. 당사의 클레임 현황

올해 당사의 클레임은 178건으로 집계되었습니다. 그중 제품불량이 46건, 부품결함이 22건, 배송문제가 21건, 인적대응 문제가 62건, 사용 불편이 16건입니다.

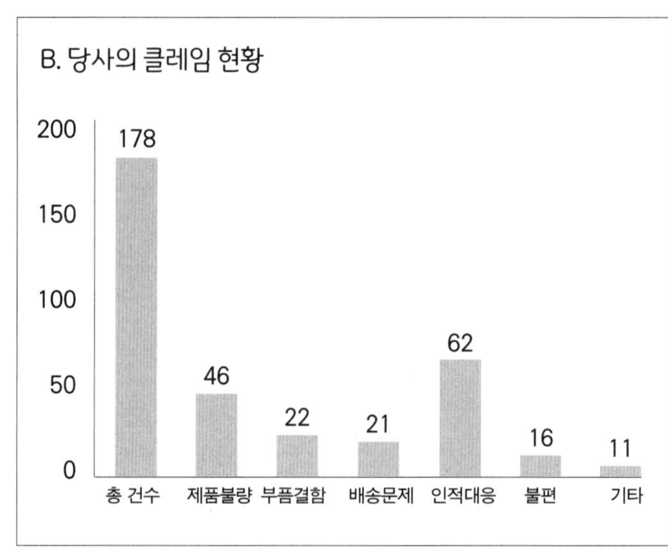

직장업무 중 많은 비중을 차지하는 것이 문서와 관련된 일들이다. 수많은 문서 중에 무엇을 의도하고 있는지, 그 내용을 파악하기 어려운 문서가 종종 있다. 그 이유는 문장의 길이가 길 뿐 아니라 내용도 중구난방으로 나열되어 요점을 파악하기 어려운 잘못된 표현으로 작성했기 때문이다. 좋은 문서란 그 내용을 효과적으로 전달할 수 있는 것을 의미한다. 그러므로 직장에서는 내용이 한눈에 들어오도록 다양한 시각적 표현을 사용해 문서를 작성해야 한다. 문서를 시각화하는 방법에는 차트 표현, 데이터 표현, 이미지 표현 등이 있다.

(1) 차트 표현 : 개념이나 주제 등을 나타내는 문장 표현, 통계적 수치 등을 한눈에 알아볼 수 있게 표현하는 것

(2) 데이터 표현 : 수치를 표로 나타내는 것

(3) 이미지 표현 : 전달하고자 하는 내용을 그림이나 사진 등으로 나타내는 것

이러한 표현 방법은 모두 문서를 보다 효과적으로 나타내기 위한 시각화 방법으로, 간결하게 잘 표현된 그림 한 장이 한 페이지의 긴 글보다 훨씬 효과적이다.

문서를 시각화하는 4가지 포인트

① 보기 쉬워야 한다.

② 이해하기 쉬워야 한다.

③ 다채롭게 표현되어야 한다.

④ 숫자는 그래프로 표시한다.

활동 '출산율 저하'와 관련한 기사를 검색해서 문서의 시각화가 어떻게 이루어졌는지 참고하자.

기사문 일자 :

기사문 내용 :

___

___

___

단원 마무리

학습 마무리 체크

☐ 1. 문서작성은 개인은 물론 회사나 조직 내에서도 매우 중요하다. (O, X)

☐ 2. 문서는 개인의 사고력과 표현력이 총동원된 결정체이다. (O, X)

☐ 3. 보고서는 한 장 내에 작성하도록 한다. (O, X)

☐ 4. 공문서 작성 시 복잡한 내용은 최대한 자세한 설명을 곁들이는 것이 유용하다. (O, X)

☐ 5. 적절한 전문용어의 사용은 문서 작성자에 대한 신뢰를 가져다 준다. (O, X)

문서작성능력에 대해 새롭게 알게 된 사실이나 수업 내용을 정리해 보자.

기출문제

1. 다음 (A), (B)에 들어갈 용어를 적어 보자.

문서작성은 작성하는 개인의 (A)과 (B)이 총동원된 결정체이다.

(A)	(B)

2. 보고서 제출 시 유의해야 할 사항을 한 가지 적어 보자.

3. 다음 문서작성의 원칙에 관한 설명 중 맞으면 O, 틀리면 ×를 표시하여 보자.

1) 문장은 짧지 않아도 된다. (　　)

2) 문장은 부정문 형식도 필요하다. (　　)

3) 주요한 내용을 먼저 쓴다. (　　)

4. 문서작성 시 고려사항으로 적절한 것을 고르시오.

① 개인의 사고력보다는 표현력이 더욱 중요한 요소로 작용한다.

② 모든 문서에는 '기대효과'가 반드시 포함되어야 한다.

③ 문서 작성 시에는 대상과 목적, 시기가 반드시 포함되어야 한다.

④ 문서작성은 직장생활에서만 필요하다.

5. 문서작성의 구성요소로 적절하지 않은 것을 고르시오.

① 명료하고 설득력 있는 구체적인 문장을 쓴다.

② 품위 있고 짜임새 있는 골격을 세운다.

③ 이해하기 쉬운 구조가 좋다.

④ 이해가 쉽도록 호흡이 긴 문장과 세련되고 기교 있는 표현을 사용한다.

6. 제시된 문서 작성법은 어떤 문서의 작성법인지 고르시오.

- 명령문보다 평서형으로 작성한다.
- 상품이나 제품에 대해 설명하는 글의 성격에 맞춰 정확하게 기술한다.
- 정확한 내용 전달을 위해 간결하게 작성한다.
- 소비자들이 이해하기 어려운 전문용어는 가급적 사용을 삼간다.
- 복잡한 내용은 도표를 통해 시각화하여 이해도를 높인다.

① 설명서 ② 기획서 ③ 보고서 ④ 공문서

7. 문서작성 시 주의사항으로 적절하지 않은 것을 고르시오.

① 문서는 육하원칙에 따라 작성한다.

② 문서의 첨부자료는 가능한 범위 내에서 최대한 다양하게 제공한다.

③ 문서는 한 사안을 한 장의 용지에 작성해야 한다.

④ 문장 표현은 작성자의 성의가 담기도록 경어나 단어 사용에 신경을 써야 한다.

PART

5 실용적 글쓰기

학습 목표

1. 자신의 글쓰기 습관을 점검한다.
2. 글쓰기 윤리의 개념에 대해 이해한다.
3. 창의적 글쓰기의 종류와 방식을 학습한다.
4. 스토리 중심의 자기소개서가 무엇인지 이해하고 적용할 수 있다.

사전 체크리스트

- [ ] 1. 나는 글쓰기에 대한 두려움이 없다. (O, X)
- [ ] 2. 나는 평소에 '좋은 문장'이 무엇인지 알고 있다. (O, X)
- [ ] 3. 나는 문장의 길이를 짧게 작성하는 편이다. (O, X)
- [ ] 4. 나는 문단을 구분하며 글을 쓴다. (O, X)
- [ ] 5. 나는 표절에 대한 바른 개념을 갖고 있다. (O, X)

3분 글쓰기

BRAINSTORMING

창의적 글쓰기, 스토리가 있는 자기소개서에 대한 자신의 생각을 3분 동안 쉬지 않고 떠오르는 대로 써 보자. 체계를 갖추지 않고 자유롭게 써도 된다.

글쓰기의 기초

우리는 평소 글쓰기에 대한 두려움을 가지고 있다. 이 두려움은 뚜렷한 해결 방식이 있는 것이 아니라 더더욱 그 벽이 높게 느껴지곤 한다. 그렇지만 글쓰기는 핵심이 되는 몇 가지 원리를 잘 알고 적용한다면 누구나 일정 수준까지는 쓰기 능력을 향상시킬 수 있다. 가장 중요한 핵심은 '명료한 문장 쓰기', '문단 쓰기'이다. 명료한 문장이 모여 문단을 이루고, 이 문단이 모여 '한 편의 글'로 완성된다는 기본 원리를 잘 기억하도록 하자.

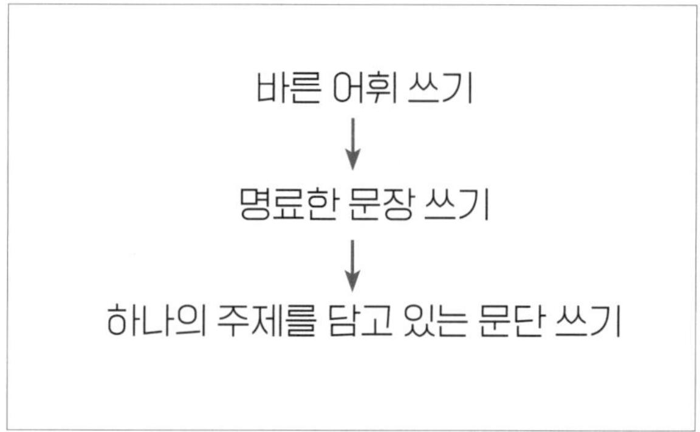

1. 바른 어휘의 사용

좋은 문장을 쓰기 위해서는 문맥에 어울리는 '어휘'를 적절하게 선별하고 배치할 수 있어야 한다. 특히 어휘의 선별은 문장이 담고 있는 핵심 키워드로 작용하고, 문장들 간 자연스러운 흐름에 영향을 주기 때문에 의미를 제대로 파악하고 쓰는 것이 가장 중요하다. 다음 문장을 보자.

① 시나리오는 희곡에서 쓰이지 않은 다양한 용어가 사용되는 점에서 그 (모양)이 다르다.

② 시나리오는 희곡에서 쓰이지 않은 다양한 용어가 사용되는 점에서 그 (분위기)가 다르다.

③ 시나리오는 희곡에서 쓰이지 않은 다양한 용어가 사용되는 점에서 그 (양상)이 다르다.

앞의 예시를 보면, ①번과 ②번 문장이 자연스럽지 않게 읽힌다. 이는 문장에서 말하고자 하는 내용과 '선별한 어휘'가 적절하게 어울리지 않기 때문이다. 이때, 어떤 '어휘'가 적합한지 고민된다면 사전 찾기를 활용해 보자. 그리고 어휘가 사용된 예문을 찾아보자.

활동1 사전 찾기와 예문 찾기

사전의 '양상'의 뜻 : 사물이나 현상의 모양이나 상태 (유의어 : 모습, 모양, 상태)

'양상'이 사용된 3개의 예문을 찾아보자. (사전 or 챗GPT 활용)

1.

2.

3.

활동2 자신이 생각하는 '양상'의 의미는?

내가 생각하는 '양상'의 뜻 :

2. 명료한 문장 쓰기

문장이란 생각이나 감정을 말과 글로 표현할 때 완결된 내용을 나타내는 최소의 단위를 말한다. 쓰기를 위한 중요한 전제는 '긴 문장 쓰기를 지양하고, 명료하게 쓰기'이다. 문장의 길이가 장황하고 길수록 전달하고자 하는 내용의 흐름에 방해가 되고 전달력이 떨어지게 된다. 또한 작성자의 입장에서 글을 다 쓴 후 '수정하기(고쳐쓰기)'를 수행할 때 긴 문장 때문에 어려움을 겪는 일이 많다. 더욱이 많은 학생들은 자신의 글쓰기 습관에 어떤 것이 있는지 알지 못한다. 지금이라도 자신이 작성한 리포트, 일기, 감상문 등을 살펴보고 문장의 길이를 체크해 보자.

사례 A군의 oo기업 자기소개서 일부

> 현장에서 일했던 많은 경험은 자동화 설비에 대한 친숙함을 불러왔으며, 작은 부품들이 모여 이루어진 요란한 소리를 내며 작동하는 거대한 쇳덩이는 호기심을 자극하기 충분하였고, 무엇보다 공정 인프라의 일원으로서 소속감과 품질에 대한 책임감을 느끼며 두발로 뛸 때, 기술을 배우고 활용하여 성과를 낼 때, 무엇보다 보람과 가치를 느끼게 되었습니다.

위 예문을 읽고 문제점을 찾아보자. 위의 예문은 자기소개서의 일부이다. 가장 두드러지는 문제는 '문장의 길이'가 된다. 문장의 맺음을 의미하는 온점(마침표)을 기준으로 문장의 수를 세어 보면, 총 5행으로 작성된 내용이 단 하나의 문장으로 작성되었음을 확인할 수 있다.

'행'과 '문장'의 개념을 혼동해서는 안 된다. '행'은 단순한 '줄 바꿈'의 의미이며, '문장'은 '온점'이 찍힌 문장의 형태를 말한다. 즉, 위의 글은 문장의 길이가 길고 장황하여 글의 흐름이 매끄럽지 못하다. 문장의 길이가 길어지는 가장 큰 요인은 '불필요한 연결어미의 사용'이다. 즉, '-며, -고' 등의 사용이 지나치게 많아서 문장의 길이를 길게 만들고 있다.

> 현장에서 일했던 많은 경험은 자동화 설비에 대한 친숙함을 느끼게 해주었습니다. 작은 부품들이 모여 요란한 소리를 완성하는 광경은 저의 호기심을 자극하였습니다.

위와 같이 문장을 간결하게 끊어주는 것만으로도 맥락의 흐름이 자연스럽고 전달하고자 하는 내용도 잘 드러나는 것을 확인할 수 있다. 특히, 글의 첫 시작부터 장황하고 복잡한 문장이 제시된다면 그 어떤 독자도 그 글을 끝까지 완독하기 어렵다. 즉, 문장이 길면 전달력이 떨어지기 때문에 글에 매우 치명적이다. 따라서 모든 글의 문장은 '간결하고 명료하게' 작성해야 함을 명심하자.

활동 다음 글을 '간결하고 명료하게' 수정해 보자.

지난해 기준 oo시 반료동물보호센터에서 입양된 동물은 855마리로 집계되었으며 이 가운데 511마리가 oo시에서 지원하는 입양비 지원을 받았고 oo시 반려동물지원센터에서 보호 중인 유기동물을 입양한 자는 입양 확인서와 지출 증빙자료를 입양일로부터 6개월 이내에 제출하면 지원비를 받을 수 있으며 지원 항목은 질병치료비, 예방접종비, 중성화수술비, 미용비, 펫보험 가입비 등 한 마리당 최대 30만원까지이다.

↓

(예시) 지난해 기준 oo시 반료동물보호센터에서 입양된 동물은 855마리로 집계되었다. 이 가운데 511마리가 oo시에서 지원하는 입양비 지원을 받은 것으로 나타났다. oo시 반려동물지원센터에서 보호 중인 유기동물을 입양한 자는 입양 확인서와 지출 증빙자료를 입양일로부터 6개월 이내에 제출하면 지원비를 받을 수 있다. 지원 항목은 질병치료비, 예방접종비, 중성화수술비, 미용비, 펫보험 가입비 등 한 마리당 최대 30만원까지이다.

3. 하나의 주제를 담고 있는 문단 쓰기

문단이란 글의 내용이나 형식을 중심으로 크게 끊어 나눈 단위를 뜻한다. 문단은 주로 문장이 모여 완성되며, 각 문단은 '하나의 소주제'를 담고 있어야 한다. 형식적으로 문단을 구분하는 방식은 글의 첫 시작 부분을 '한 칸 들여쓰기'하는 것이다. 문단 구성이 선명한 글은 '보기에 좋은 글'이 되고, 글의 첫인상에 긍정적인 영향을 준다.

문단을 구성하는 기본 원리에 따라 하나의 문단에서는 '같은 키워드 또는 같은 소주제'에 대한 내용이 필수적이다.

사람은 사람다워야 한다. 요즘 각종 매스컴은 말 한마디에 사회의 분위기가 변화한다. 그만큼 말은 사람에게 있어서 중요한 것이다. 가장 기본적인 언어 예절은 남에게 피해를 주지 않는 것이다. ~~옛말에 '가는 말이 고와야 오는 말이 곱다.'라는 말이 있다. 그만큼 말은 듣는 것도 중요하지만 하는 것도 중요하다. 말을 잘하는 것은 어렵다.~~ 가장 처음 지켜야 할 것은 남에게 피해를 입히지 않는 것이다. 이것은 처음이자 마지막까지 중요하게 여겨야 할 내용이다. 피해를 주지 않는 신중한 한마디가 사람됨으로 이끄는 첫걸음이다.

-kocw의 공개강의 중에서

위의 예문을 살펴보자. 이 글의 키워드는 '말의 중요성', '언어 예절'이 될 것이다. 이와 관련이 없는 문장은 글의 통일성을 해치게 된다. 불필요한 문장은 무엇인가? 그리고 소주제가 '말의 중요성'과 '언어 예절' 2개로 나뉜다면 문단도 2개로 이루어져야 한다.

(1) 사람은 사람다워야 한다. 요즘 각종 매스컴은 말 한마디에 사회의 분위기가 변화한다. 그만큼 말은 사람에게 있어서 중요한 것이다.

(2) 가장 기본적인 언어 예절은 남에게 피해를 주지 않는 것이다. 가장 처음 지켜야 할 것은 남에게 피해를 입히지 않는 것이다. 이것은 처음이자 마지막까지 중요하게 여겨야 할 내용이다. 피해를 주지 않는 신중한 한 마디가 사람됨으로 이끄는 첫 걸음이다.

→ (1)'사람다움-말의 중요성'을 한 문단으로 하고, (2)'가장 기본적인 언어 예절'을 다시 한 문단으로 한다.

불필요한 문장이 포함된 문단도 문제이지만, 형태적 측면에서 '문단의 구분'이 되지 않은 글도 문제이다. 아래의 예문을 읽어 보자.

> **내 인생의 오점**
>
> 사람은 누구나 살면서 크고 작은 오점을 남긴다. 그 오점은 단순한 개인 차원의 문제로 남에게 상처나 피해를 주지 않는 경우라면 다행이지만, 단순한 경우를 뛰어 넘어 타인에게 큰 상처를 남기거나 혹은 나의 인생에 커다란 후회로 남게 되는 일이 될 수도 있다. 나 같은 경우, 기억에 남는 두 개의 큰 오점이 있다. 이 두 번의 오점을 떠올리면 나는 아직도 아무도 없는 깊은 동굴 속으로 들어가고 싶어진다. 먼저 첫 번째 오점은 초등학교 시절 지독한 '왕따' 를 겪은 친구를 모른 척한 일이다. 나는 평소 이 친구와 제법 가까운 관계였고, 늘 우호적인 생각을 가지고 있었다. 그러던 중 이유를 알지도 못한 채 그 친구를 향한 같은 반 친구들의 지독한 따돌림이 시작되었다. 나는 많은 고민을 했다. 크게 두드러지지 않는 나의 성향상, 이 친구와 계속 가깝게 지낸다면 나까지 따돌림을 받을 것 같은 생각에 두려움이 앞섰다. 결국 나는 여느 친구들처럼 이 친구를 멀리하기 시작했고, 무언의 동조자가 되어 있었다. 시간이 어느정도 흐른 후 따돌림의 정도가 조금씩 잦아들었고 나는 다시 이 친구와의 관계를 회복하려 노력했지만 이미 때는 늦어버린 후였다. 두 번째 오점은 고3 수험시절에 이어 재수에도 실패한 내 남동생에게 비수를 꽂은 한 마디이다. (이하 하략)

위의 글이 드러내는 문제는 무엇인가? 우선, 글을 마주하자마자 빽빽하게 채워진 검정색 글씨로 가득하다. 또한 내용을 기준으로 보았을 때 '소주제'를 기준으로 문단의 구분을 하지 않았다. 문단 구분이 되지 않은 글은 글을 읽고 난 후 다시 특정 부분을 찾거나 읽고자 할 때 불편함을 야기할 수 있다. 그렇다면 어떻게 고칠 수 있을까?

사람은 누구나 살면서 크고 작은 오점을 남긴다. 그 오점은 단순한 개인 차원의 문제로 남에게 상처나 피해를 주지 않는 경우라면 다행이지만, 단순한 경우를 뛰어넘어 타인에게 큰 상처를 남기거나 혹은 나의 인생에 커다란 후회로 남게 되는 일이 될 수도 있다. 나 같은 경우, 기억에 남는 두 개의 큰 오점이 있다. 이 두 번의 오점을 떠올리면 나는 아직도 아무도 없는 깊은 동굴 속으로 들어가고 싶어진다.

먼저 첫 번째 오점은 초등학교 시절 지독한 '왕따' 를 겪은 친구를 모른 척한 일이다. 나는 평소 이 친구와 제법 가까운 관계였고, 늘 우호적인 생각을 갖고 있었다. 그러던 중 이유를 알지도 못한 채 그 친구를 향한 같은 반 친구들의 지독한 따돌림이 시작되었다. 나는 많은 고민을 했다. 크게 두드러지지 않는 나의 성향상, 이 친구와 계속 가깝게 지낸다면 나까지 따돌림을 받을 것 같은 생각에 두려움이 앞섰다. 결국 나는 여느 친구들처럼 이 친구를 멀리하기 시작했고, 무언의 동조자가 되어 있었다. 시간이 어느정도 흐른 후 따돌림의 정도가 조금씩 잦아들었고 나는 다시 이 친구와의 관계를 회복하려 노력했지만 이미 때는 늦어버린 후였다.

두 번째 오점은 고3 수험시절에 이어 재수에도 실패한 내 남동생에게 비수를 꽂은 한 마디이다. (이하 중략)

수정한 글은 단순히 '문단'을 나누어 준 것 이외에 다른 부분을 수정하지 않았다. 하나의 통으로 작성된 글을 세 개의 문단으로 구분하는 것만으로도 글의 첫인상은 달라진다. 보기에 좋은 글은 독자가 글을 끝까지 읽게 하는 지속성에 좋은 영향을 준다. 또한 형식이 갖춰진 글로, 문단별 소주제를 담고 있기 때문에 문단 단위로 글의 내용을 이해할 수 있어 효율적이다. 내용의 전달력이 향상하는 것도 물론이다.

모든 글은 '소주제를 담고 있는 문단들'이 모여 완성된다. 각 문단의 키워드로 설정하고 문단에 어울리지 않는 내용이 들어가지 않도록 늘 체크해야 하는 것은 물론이고, 문단은 글의 전체적인 형태 및 구조에 매우 큰 영향을 준다는 핵심을 기억하도록 하자.

활동 〈내 인생의 오점/전환점〉에 관한 글을 작성해 보자.

주제 :

문단 구성 ┬ 도입
├ 본문
└ 마무리

좋은 글쓰기의 요건

대학에서 학문적 성취를 이루어내기 위해서는 선택한 전공과 교양에 관련된 많은 책을 읽고 자신에게 필요한 정보를 새로운 시각으로 정리할 수 있어야 하며, 그 정리된 내용은 논리적인 사고와 정확한 문장으로 표현되어야 한다. 다시 말해 대학생이 갖추어야 할 좋은 글쓰기의 능력은 필요한 정보를 수집하고, 그것을 새로운 시각으로 정리하여, 논리성을 갖춘 정확한 내용과 문장으로 표현하는 것이다.

1. 정보력

좋은 글을 쓰기 위해서는 우선 정보를 수집하는 일에 게으름이 없어야 한다. 자료를 찾지 않고 쓰는 글은 그 표현과 정보의 범위가 편협할 수밖에 없다. 말하자면 우선 알아야 쓸 수 있다.

또한 이 자료를 찾는 과정이 곧 사고력을 넓히는 공부가 된다. 막연한 정보의 수집은 의미가 없다. 자신이 쓰고자 하는 글의 주제에 어울리고 필요한 자료를 선별하는 능력도 연습을 통해 발전시켜야 한다. 이러한 능력을 발전시키기 위해서는 도서관과 친해져야 한다. 인터넷을 통해 필요한 정보를 쉽게 찾을 수도 있지만 그것은 대단히 얕은 지식이 될 확률이 높다. 일차적으로 인터넷을 통해 여러 자료의 목록을 확인한 다음에는 도서관에서 그 자료의 출처를 확인해 깊이 있는 공부를 시도하는 것이 중요하다.

2. 논리력

인간에게 논리가 필요한 이유는 결국 상대를 설득하기 위해서이다. 논리 없는 주장은 억지가 된다. 자신의 주장을 관철시키기 위해 모두가 억지를 쓰는 사회는 분쟁의 연속일 수밖에 없다. 상대를 수긍시키는 힘이 바로 논리인 것이다. 이는 말과 글 모두에 해당되는 사실이지만 말보다 글에 훨씬 엄격한 논리력이 필요하다.

글 속에서 이러한 논리력을 높이기 위해서는 글의 구성력을 높여야 한다. 논리적인 글은 건축에 가깝다. 설계도 없이 집을 지을 수 없듯이 탄탄한 짜임새를 가진 글은 반드시 구성이 필요하다. 글을 통해 내가 말하고자 하는 최종적인 목표에 도달할 기반을 마련하지 않으면 글의 설득력이 떨어진다. 가끔 글을 읽으며 이런 생각을 해 본 적이 있을 것이다. '왜 핵심만 간단하게 말하지 않고 이토록 많은 사례와 의견을 먼저 내세우는 것일까?' 물론 핵심만 간단히 말하는 것도 필요에 따라서는 중요한 설득의 방법이 되기도 한다. 하지만 한 사안의 핵심만 던졌을 때 그것을 이해하지 못하거나 혹은 그 핵심적인 의견에 반대하는 다른 의견에 부딪칠 수도 있다. 그때 필요한 것이 바로 논리력이다.

논리적이기 위해서는 그것을 뒷받침할 만한 다른 근거를 가져와야 하기 때문에 그 내용이 길어질 수밖에 없다. 그렇다고 필요한 정보를 모두 제시하자는 것은 아니다. 꼭 필요한 사례와 의견 그리고 그 자료들을 생략하지 않고 축소해서 보여줄 수 있는 능력이 좋은 글에는 필요하다.

3. 정확성

좋은 글이 가져야 요건 중 정확성은 두 가지 사안을 포함하고 있다. 그 두 가지는 바로 내용의 정확성과 문장의 정확성이다. 글이란 말에 비해 보존성과 확장성이 높다. 말하자면 글은 하나의 기록으로 남는다. 그러므로 글을 쓰는 사람은 그 글에 책임을 져야 한다. 잘못된 정보나 틀린 기록을 글로 남기면 저자의 지식에 대한 공신력이 깨진다. 또한 문장도 마찬가지다. 글은 엄격한 문법의 적용을 받는다. 특히나 그 글이 많이 이들에게 공식적으로 공개되는 성격을 가지고 있다면 작은 맞춤법 하나도 소홀해서는 안 된다.

글의 정확성을 높이는 가장 좋은 방법은 바로 '수정'이다. 흔히 퇴고라고도 하는데, 아무리 좋은 작가라고 해도 단숨에 완벽한 글을 쓰는 사람은 없다. 우리가 읽는 대부분의 책은 바로 여러 번의 수정을 거친 글이다. 글을 써 본 사람은 모두가 공감하지만 초고를 쓰는 것보다 고치는 것이 훨씬 더 힘들다. 하지만 이 과정 없이 무작정 글을 발표해서는 후에 큰 곤욕을 치르게 된다. 귀찮고 힘든 과정이기는 하지만 좋은 글은 내용의 옳고 그름을 확인하고 문장을 다듬는 과정 속에 완성된다는 사실을 절대 잊어서는 안 된다.

4. 창의력

자주 쓰는 말이지만, 따지고 보면 '이름 없는 풀꽃'은 매우 무책임한 표현이다. 우리가 길거리에서 보는 대부분의 풀꽃은 이름을 가지고 있다. 또한 깊은 산 속 바위틈에 홀로 피어난 풀 한 포기 역시 거의 자신만의 이름을 가지고 있다. 다만 우리가 모르고 있을 뿐이다. 말하자면 '이름 없는 풀꽃'이 아니라 '이름 모를 풀꽃'이라고 말해야 옳다. 그만큼 하늘 아래 새로운 것은 없다는 뜻이다. 우리가 일상 속 혹은 학문적으로 쓰는 '창의력'이란 말은 하늘 아래 없는 것을 창조하는 능력을 말하지 않는다. 이는 글을 쓸 때도 마찬가지다. 인간은 고래(古來)로부터 수많은 글을 썼고 그 과정 중에 형용할 수 없이 많은 표현을 만들어 왔다. 인터넷까지 발달되어 세상의 수많은 정보가 공개되어 있는 현대 사회에서 '새로움'이라 존재하지 않는다고 해도 과언이 아니다. 그렇다면 글에서 보이는 '창의력'은 무엇을 의미할까? 그것은 '색다른 시선'을 글로 옮기는 능력이라 말할 수 있다. 같은 대상도 다르게 보고 평이하지만 더 공감할 수 있는 표현을 사용한 글이 창의적인 글이다.

있는 그대로 글을 쓰는 것은 불가능하다. 아무리 단순한 대상, 좁은 공간이라고 해도 대상이 가진 모든 요소를 글로 옮길 수는 없다. 글은 '있는 대로' 쓰는 것이 아니라 '본 대로' 써야 한다. 본다는 것은 글쓰는 사람의 주관을 말한다. 표면만 보는 것이 아니라 이면도 살피고 그것을 추리해야 한다. 정면만 보는 것이 아니라 위, 아래 측면 그리고 내부까지 살필 때 더 정교한 글이 만들어진다. 새로운 것이 없는 시대에서 창의적인 글을 쓰기 위해서는 시선을 달리 하는 능력을 키워야 한다. 사실 이런 능력은 대단히 많은 연습을 필요로 하는 것이 아니다. 글을 쓸 대상을 천천히 살펴보는 것만으로도 충분하다.

강의실에서 글쓰기 강의를 하다 보면 소재가 주어지자마자 대뜸 글을 시작하는 학생들을 많이 보게 된다. 관찰 없이 글을 쓰기 시작하면 분명 어디선가 본 듯한 뻔한 내용을 만들게 된다. 뻔한 내용의 글은 가치가 없다. 가치란 흔하지 않은 무언가를 담고 있을 때 만들어지는 법이다. 특히나 문학적 글쓰기를 꿈꾸는 사람이라면 일상 속 소재가 가지고 있는 일종의 '틈'을 찾아내는 일에 주목해야 한다. 일상은 잘 짜인 구조 속에서 돌아가는 것 같지만 실상 그 속에는 수많은 부조리가 존재하기 때문이다.

글쓰기 윤리

사전 체크리스트 (글쓰기 태도 점검)

- ☐ 1. 글을 쓰거나 과제를 하면서 자신도 모르게 표절한 적이 있는가? (O, ×)
- ☐ 2. 자신이 표절한 경험이 있다면 그 내용은 구체적으로 무엇인가?(O, ×)
- ☐ 3. 인용한 경우 출처를 밝히는가? (O, ×)

대학생활을 하는 동안 많은 과제를 작성한다. 이는 대학에서 수학하는 전공 및 비전공 모든 영역의 학습 능률을 향상시키는 것에 가장 큰 목적이 있는 행위이다. 다양한 주제들을 과제를 통해 수행하면서 지식체계를 넓히고 전공 역량의 성장에도 많은 도움을 얻을 수 있게 된다. 그러나 이러한 과제 수행 과정 중 필연적으로 등장하는 문제가 있다. 많은 학생들이 자신도 모르게, 혹은 알지만 큰 죄책감 없이 정직하지 못한 방법들을 동원하게 된다는 점이다.

인문, 사회, 자연과학 등 학문 분야별 글쓰기는 학문의 성격이나 이를 정리하는 방식, 내용이 서로 다르지만 예부터 서로 조금씩 베껴 쓰는 것에 대해서는 그다지 엄하게 따지거나 이의를 제기하지 않는 관행적 분위기가 있었다. 그렇다 보니 표절이나 저작권 침해 등의 문제를 사회적으로 크게 다루지 않았다. 그러나 현재는 인터넷이 발달하게 된 후부터 글은 물론 다양한 예술의 영역, 방송 프로그램의 포맷 등 내용이나 구성을 허락 없이 베껴 쓰는 행위에 대한 법적 처벌이 가능한 시대가 되었다.[1]

국립국어원 『표준국어대사전』에서는 '표절'이란 '시나 글, 노래 따위를 지을 때 남의 작품 일부를 몰래 따다 쓰는 것'으로 정의하고 있다. 교육인적자원부의 '논문 표절 가이드라인 모형'에 따르면, '전체를 자신의 글처럼 가져오는 경우'가 아니더라도 이를 '부분 표절'로 보고 있다. 또한 일정 부분을 요약해서 가지고 오는 '요약 표절', 여섯 개의 단어가 연속적으로 나열된다면 '문장 표절'로 판단한다. 사실상 표절의 기준이 점차 정교해지고 높은 수준의 윤리 의식을 요구하고 있음을 알 수 있다.

1 김병환 외, 『사고와 표현 1』, 경성대학교 출판부, 2021, 64쪽.

1. 인용의 방식

인용이란, 글을 쓸 때 자신의 주장에 설득력을 더하기 위해 해당 분야에서 신뢰할 수 있는 자료나 권위 있는 사람의 글을 참고하거나 빌려오는 것을 뜻한다. 즉, 내 머리 속에서 나온 글이 아니라 신문 기사, 논문, 학술지, 책 등 2차 자료에서 해당 내용을 참고하여 내가 작성하고 있는 글에 활용하였다면 그 출처에 해당하는 정보를 반드시 밝혀 적어야 한다. 이때, 참고한 자료의 정보를 제시하는 방식은 본문 하단에 밝혀 적는 '각주' 방식과 참고문헌에 제시하는 방식이 있다.

다음으로 짧은 인용 방식과 긴 인용 방식을 알아보자. (보충자료 : 리포트 작성법 예시 참고)

짧은 인용 (인용한 내용이 3행 이내인 경우)	긴 인용 (인용한 내용이 3행을 초과하는 경우)
인용 방법 : 인용한 내용이 3행 이내일 경우 해당 부분에 큰 따옴표("　")를 붙여 표시하고, 내용의 끝부분에 각주 번호를 달아 서지사항을 밝혀 적는다.	**인용 방법 :** 인용한 내용이 3행을 초과할 경우 해당 부분을 별도의 단락으로 처리하여 내용의 끝부분에 각주 번호를 달아 서지사항을 밝혀 적는다.

2. 과제 제출 시 유의점

과제를 제출하는 경우, 반드시 참고한 모든 자료를 표기해야만 '표절'에서 자유로울 수 있다. 다음의 확인 사항을 항상 체크하는 습관이 중요하다.

- ☐ 이 과제물을 준비하는 데 있어 자료 조사 등 그 수행을 직접 하였는가?
- ☐ 인용한 자료(인터넷 자료 포함)의 내용을 왜곡하지 않았는가?
- ☐ 인용 자료의 도표나 데이터를 조작하지 않았는가?
- ☐ 잘 모르는 내용을 인용하면서 오독하지는 않았는가?
- ☐ 인용한 자료의 인용 표시를 바르게 하였는가?

창의적 글쓰기

글쓰기의 다양한 방법 중, 가장 흥미롭고 새로운 쓰기의 방식은 '창의적 글쓰기'이다. 창의적 글쓰기를 막막하게 하는 고정관념은 '무(無)에서 유(有)를 창조'하는 수준이 필수요소라고 생각하는 것인데, 이는 큰 오산이다. 우리가 무심코 지나치는 일상의 많은 것들을 새롭게 바라보고, 생각하고, 관찰하여 새로운 의미나 가치를 부여하는 활동으로 생각하는 것이 핵심이 된다.

창의적 글쓰기 활동에 가장 많이 활용되는 방법은 패러디, 이어쓰기, 결론 바꿔쓰기, 인물의 성격을 입체적으로 고쳐보기, 변화하는 가치관이나 시대관을 반영하여 다시 쓰기 등이다. 특히 패러디 같은 경우 '영상'을 함께 활용하는 경우가 많아 젊은 세대들이 가장 선호하는 창의적 활동으로 볼 수 있다.

그렇다면 창의적 글쓰기를 위해 알아야 할 핵심적인 개념에는 어떤 것들이 있을까?

1 '관찰'과 '관점'의 이해

(1) '관찰'의 이해

매일 내 책상 위에 놓여 있는 볼펜이 어느 날 갑자기 새롭게 보이는 경험이 있다. 또, 항상 다니는 길이 어느 날 미지의 세계에 놓인 미로게임처럼 느껴질 때가 있다. 이때 보통의 사람들은 그 순간 느끼는 '신기하고 새로운 감정이나 생각'에서 멈추어 버린다.

'관찰'의 사전적 의미는 '사물이나 현상을 주의하여 자세히 살펴봄'으로 정의된다. 매일 다니는 길, 학교를 오가며 지나게 되는 길에 심어진 나무, 건물을 유심히 관찰해 보자. 창의적 활동에 도움이 되는 의미 있는 관찰이란 '일상적인 혹은 익숙한 것들에 마음을 다해 관심을 주고, 새로운 의미로 다시 살려내는 것'이다.

감각적으로 묘사하기

아홉 살 때 할아버지가 세상을 떠나시면서 겪은 나의 첫 죽음의 경험에 대해 쓴 글이다.

A글

우리는 모두 할아버지가 돌아가셔서 정말 마음이 아팠다. 나는 영구차가 도착할 때까지 그 사실이 실감나지 않았다. 슬픔에 잠겨 할아버지가 내게 잘해준 기억을 계속 떠올렸다. 할아버지는 아주 유쾌한 분이셨고 나는 그를 무척 사랑했다.

B글

크고 검은 차가 집 앞에 멈추어 섰고, 차 뒤에는 기다란 나무 상자가 실려 있었다. 어른들은 침묵했다. 엄마가 내 손을 꼭 잡아주었다. 그제야 나는 할아버지가 돌아가셨고, 다시는 우리에게 재미있는 이야기를 들려주거나 함께 낚시하러 가지 못한다는 사실을 완벽하게 이해했다.

두 글을 보면 B글에 마음이 끌릴 것이다. 왜 그럴까? 두 번째 글이 시각, 청각, 촉각을 활용해 더 감각적으로 서술되었고 '재미있는 이야기', '낚시'로 이동하며 더 구체적으로 묘사되어 있기 때문일 것이다.

출처: 캐시 렌천브링크 저, 박은진 역, 『내가 글이 된다면-닫힌 글문을 여는 도구를 찾아서』, 머스트리드북, 2022-일부 수정

활동 여러분이 겪은 '첫 죽음'의 경험에 대한 글을 작성해 보자.

(2) '관점'의 이해

'관점'은, 사물이나 현상을 관찰할 때 그 사람이 보고 생각하는 태도나 방향 또는 처지로 정의된다. 같은 대상을 향한 개개인의 생각이나 판단이 다른 경험을 누구나 해보았을 것이다.

신영복의 『감옥으로부터의 사색』(1998) 중 집 짓는 노인에 대한 일화를 기억해 보자. 흔히 우리는 집 짓는 그림을 그릴 때 지붕부터 그려서 아래로 내려온다. 그러나 저자가 감옥 안에서 만난 목수 출신의 노인은 너무도 당연하듯이 아래에서부터 위로, 즉 주춧돌에서부터 지붕으로 집을 그려 올라가더라는 것이다. 실제 집을 짓는 과정을 생각하면 노인의 집 그림이 훨씬 현실적이고 일리가 있는 셈이다. 그런데 우리는 너나없이 한 번도 의심하지 않고 지붕부터 그려온 것이다.[1]

위와 같은 현상의 이유는 무엇일까? 아마도 우리 의식에 고정되어 자리한 타성(오래되어 굳어진 좋지 않은 버릇)과 비판적 판단력과 주체성이 부족한 일종의 따라 하기의 결과일 것이다. 우리는 스스로의 관점을 갖추어야 한다.

활동 동영상을 보고 자신의 생각을 작성해 보자.

(참고 : 고정관념, 문화와 관점, 새로운 관점, 폭넓은 관점)

1 김병환 외, 『사고와 표현1』, 경성대학교 출판부, 2021, 27쪽.

2. 창의적 글쓰기를 활용한 독후 활동

우리는 '책 읽기'라는 활동에 그다지 익숙하지 않다. 스스로 생각해 보자. 1년에 몇 권의 책을 읽고 있는가? 그도 아니라면 최근 5년 동안 읽은 책을 떠올려 보자. 스스로도 놀랄 만큼 우리는 책을 멀리 하고 있다. 그러나 우리는 전공과는 상관없이 '인문학적 소양'을 쌓아야 하는 의무가 있다. 이 '인문학적 소양'이란 넓게는 우리의 모든 삶의 전반에 걸쳐, 작게는 직장생활 혹은 가정 내에서도 반드시 필요한 부분이다. 생각의 폭을 넓힐 수 있는 것은 물론 수없이 넓고 많은 세계의 작품들을 무려 번역본으로 읽을 수 있고, 직접 경험해 보지 못하는 삶들을 '책'을 통해 '간접 경험' 할 수 있다는 것이 얼마나 감사한 일인지 새삼 생각해 볼 필요가 있다.

관심 있는 분야의 책을 한 권 골라서 끝까지 읽어 본 후, 거창하지 않아도 창의적인 활동을 해보는 것은 '창의적 글쓰기'의 완결로 볼 수 있을 만큼 유의미하다. 예를 들어, 책의 내용을 '신문' 형식으로 만들기, 결론 다시 써보기, 에필로그 다시 쓰기, 8컷 만화 만들기, 등장인물에게 편지 쓰기, 시 쓰기 등의 활동이 이에 해당할 수 있다. 이 과정은 내가 읽은 책을 다시 한 번 정리하고 새로운 의미로 창작하는 뜻깊은 경험은 물론 지속적인 독서 활동의 원동력이 될 수 있을 것이다.[1]

젊은 베르테르의 슬픔 독서 신문 PPT

01 02

THE TIMES OF UC

'젊은 베르테르의 슬픔' 책 발간!

THE TIMES OF UC

〈젊은 베르테르의 슬픔〉의 작가, 괴테와의 인터뷰

THE TIMES OF UC

〈젊은 베르테르의 슬픔〉의 작가, 괴테와의 인터뷰

〈사례 1.『젊은 베르테르의 슬픔』을 읽고 만든 독서신문〉

〈사례 2. '말의 품격'을 읽고 만든 만화〉

1 독서활동 사례 1-3은 울산과학대학교 제13회 법고창신 독서대회의 학생 수상작 중에서 발췌함.

인간은 생산하지 않으면서 소비하는 유일한 동물이다

1924년 3월 6일

오늘 메이저 영감이 노래를 불러줬다. 그가 불러줬던 노래는 '잉글랜드의 짐승들'이라는 제목의 노래였다. 그 노래는 무척 부르기 쉬웠다. 나를 제외한 다른 동물들도 금방 따라불렀다. 이러다가 노래 이야기만 하다가 일기가 끝날 것 같다. 오늘 일기를 적는 이유는 메이저 영감이 했던 말 때문이다. 메이저가 자신이 꾼 꿈에 대해 말해줬는데, 그중 가장 기억에 남았던 말은 '인간은 생산하지 않으면서 소비하는 유일한 동물이다'라는 문구였다. 그 말을 들으니까 나도 그런 생각이 들었다. 사실 내 성격상 힘들다고 표현하지 않지만, 요즘 일이 너무 힘들다. 농장주 존즈는 본인은 일하지도 않으면서 우리를 너무 착취한다. 그러면서 밥도 제대로 챙겨주지 않는다. 메이저 영감은 네 발로 걷거나 날개를 가진 것은 모두 우리의 친구라고 말했다. 우리는 동물이다. 그는 우리에게 인간처럼 행동하는 것이 옳지 않다고 계속 일깨워주었다.

〈사례 3. 『동물농장』을 읽고 등장인물의 관점에서 재구성한 일기〉

활동 자신의 독후 활동을 새로운 창작 작품으로 만들기 위한 전략을 작성해 보자.

1. 책이름 :

2. 독후 활동 방법 :

(1) 글쓰기 : 에필로그, 프롤로그, 이어서 쓰기, 다른 결말 쓰기, 기사문 등(독후감/수필 제외)

(2) 그리기

(3) 만들기

(4) 멀티미디어 활용

3. 작품 전략 : 키워드 3가지 (　　　　)(　　　　)(　　　　)

구체적으로 작성하면 :

자기소개서 작성하기

사전 체크리스트

☐ 나는 자기소개서 작성 경험이 3회 이상 있다.

☐ 나는 자기소개서 작성을 위한 준비 과정을 알고 있다.

☐ 나는 스토리 중심의 자기소개서가 무엇인지 알고 있다.

1. 자기소개서의 이해

우리는 삶의 중요한 지점에서 '자기소개서'를 작성한다. 자기소개서 작성은 종이 한 장에 내 삶을 압축하여 그려내야 하는 매우 고난도의 작업이다. 그럼에도 불구하고 대부분의 학생들은 자기소개서를 '어떻게 작성해야 하는지'에 대한 교육 경험이 거의 없고, 자기소개서 쓰기를 '일회성 글쓰기'로 인식하기 때문에 마치 벼락치기 시험 공부처럼 급하게 준비하게 되는 경우가 많다. 그러나 자기소개서는 그 어떤 글쓰기보다 가장 많은 준비가 필요하다.

자신의 글로 '나'를 소개하고, 궁극적으로는 이 소개글이 평가자로부터 '긍정적인 인상'을 갖도록 해야 한다. 나를 소개하려면 적어도 '나'에 대한 성찰이 반드시 수행되어야 하고, 이미 이력서에 기재되어 있는 내용을 의미 없이 중복하는 것은 지양하도록 하자.

2. 자기소개서 작성을 위한 준비

자기소개서를 작성하려면 반드시 준비 과정을 거쳐야 한다. 좋은 수영선수가 되기 위해 유튜브에서 '수영 영상'을 3년 동안 본다고 해서 내가 수영선수가 될 수 있는 것이 아니다. 심지어 간단한 수영 동작도 하기 어려울 것이다. 글쓰기도 마찬가지이다. 아무리 '글을 잘 쓰는 방법'에 대해 이론 학습을 한다고 해도, '직접 써보지 않으면' 무용지물이 되고 만다. 준비 과정을 성실하게 거쳐서 한 편의 자기소개서를 써보도록 하자.

1단계 : '내 삶'을 주제로 한 자유 문장 쓰기

2단계 : 전공 관련 영역 활동 및 자격사항 정리표 만들기

3단계 : 〈스토리 표〉 만들기

(1) 1단계 : '내 삶'을 주제로 한 자유 문장 쓰기 (30문장, 제한시간 20분)

예시

- 수학을 좋아하는 아이였다.
- 아버지는 신문 읽기를 좋아하셨다.
- 넉넉하지 않은 형편에 돈을 아끼는 것이 습관이 되었다.
- 아버지께서는 늘 원칙과 약속의 중요성을 강조하셨다.
- 코 밑에 큰 점이 있어 놀림을 많이 받았다.
- 33명 중 31등을 한 적이 있다.
- 왜소한 체격 때문에 강하게 보이고 싶어서 일부러 욕을 많이 했다.
- 입시 후 살이 많이 쪘다.
- 할머니의 혈압약을 10년 동안 챙겨드렸다.
- 아침마다 조깅을 한다.
- 삼국유사를 세 번 읽었다.

1단계에서는 자유롭게 떠오르는 모든 내용을 문장으로 기록하는 것이다. 이때, 문장 사이의 연결고리는 요구되지 않는다. 중요한 것은, 가감 없이 써내려가되 문장의 수는 많을수록 좋다.

활동1 '내 삶'을 주제로 한 자유 문장 쓰기

문장1	나는 학창시절 내내 '땅꼬마'로 불렸다.
문장2	
문장3	
문장4	
문장5	
문장6	
문장7	
문장8	
문장9	
문장10	
문장11	
문장12	
문장13	
문장14	
문장15	
문장16	
문장17	
문장18	
문장19	
문장20	
문장21	

문장22	
문장23	
문장24	
문장25	
문장26	
문장27	
문장28	
문장29	
문장30	

위의 예시는 '내 인생'을 주제로 떠오르는 모든 생각을 가감 없이 문장으로 작성한 것이다. 이처럼 브레인스토밍의 기본 원리를 활용하여 머릿속에 떠오르는 기억, 장면, 일화 등을 작성하다 보면 평소에는 미처 생각하지 못했던 내 삶의 소중한 조각을 찾을 수 있고, 이는 자기소개서의 중요한 재료가 된다.

(2) 2단계 : 전공 관련 영역 활동 및 자격사항 정리표 만들기

2단계에서는 전공과 관련한 나의 활동 사항, 사회인으로서 어떤 준비를 해왔는지를 정리하는 과정으로 활용한다. 가급적 전공과의 연계성을 찾는 것이 중요하고, 지원하는 회사에서 필요로 하는 핵심역량을 파악해 두면 도움이 된다. 또한 활동 시기를 연, 월, 일이 명확하게 드러나도록 기입해 두는 것이 좋다. 동아리 활동, 아르바이트 경력, 수상 경력, 대회 참여 경험 등 다양한 내용을 총정리하여, 자기소개서를 집필할 때 유의미하게 활용할 수 있는 내용을 선별하여 구성하도록 한다.

활동2 전공 관련 영역 활동 및 자격사항 정리표 만들기

구분	구체적인 자격 내용 및 경력 사항	앞으로 계획하는 활동
자격증		
인턴, 연수		
아르바이트		
공모전 참가		
봉사활동		
공인 어학 점수		
동아리 활동		
기타 특별한 일		

(3) 3단계 : <스토리 표> 만들기

1, 2단계에서 작성한 내용을 바탕으로, 자기소개서의 각 항목에서 활용할 만한 문장을 표로 정리하는 작업을 해보자.

성장과정	• 아버지는 신문 읽기를 좋아하셨다. • 아버지께서는 늘 원칙과 약속의 중요성을 강조하셨다. • 나에게 신문 읽기는 처음엔 곤욕스러웠다. • 내가 먹은 밥그릇은 스스로 설거지하도록 가르치셨다.
성격의 장단점	• 매일 아침 조깅을 한다. • 할머니의 혈압약을 10년 동안 챙겨드렸다. • 넉넉하지 않은 형편에 돈을 아끼는 것이 습관이 되었다.

학교생활 및 사회생활	• 아르바이트 첫날 돈의 소중함을 한방에 깨우쳤다. • 스토리텔링 공모전 장려상 • 고전읽기 동아리 활동
지원 동기 및 입사 후 포부	• oo 방송사에서 주최하는 인턴십 프로그램에 2년 연속 참가 (2022.8, 2023.8) • 광고의 스토리보드를 만드는 취미가 있다. (포트폴리오 20편 이상)

스토리표를 바탕으로 자기소개서를 작성하게 되면 '단순한 나열 방식'의 뻔한 글이 아닌 '새롭고 신선한 나만의 이야기'를 담은 자기소개서에 한걸음 가까워진다. 이 단계까지 마무리되면 '스토리가 있는 자기소개서'를 작성할 수 있는 모든 준비를 마치게 된다.

3. 실전! 자기소개서 작성하기

> 저는 부산에서 태어나 부산초, 부산중, 부산고를 거쳐 지금의 oo대학교에 입학하게 되었습니다. 1남 2녀 중 장녀이며, 엄격하신 아버지와 자상하신 어머니의 사랑을 듬뿍 받으며 자랐습니다.

위와 같은 자기소개서 '성장과정'을 본 적이 있을 것이다. 어쩌면, 지금까지 위의 예문처럼 자기소개서를 작성한 경험이 있는 친구들도 있을 수 있다. 그렇지만 단순하게 생각해 보더라도, 수많은 지원자들이 모두 예시와 같이 비슷하고 뻔한 내용으로 자기소개서를 작성한다면, 높은 평가 점수를 줄 수 있을까? 자기소개서의 핵심은 무엇이고, 어떻게 작성해야 하는지 중요한 핵심을 중심으로 살펴보도록 하자.

- 자기소개서 작성의 핵심 : '좋은 스토리+의미 부여'
- 대부분의 학생들은 '특별하고 희귀한' 경험이 많아야 한다고 생각한다.
- 모두의 초/중/고 학창 시절 및 대학생활의 패턴은 대부분 비슷하다.

즉, **모두가 겪은 '비슷비슷한 일상'에 '어떤 의미를 부여하느냐'에 따라 자기소개서의 성패가 달라진다.**

대표적인 자기소개서의 항목으로는 성장과정, 성격의 장단점, 학교생활 및 사회생활, 지원 동기 및 입사 후 포부를 들 수 있다. 최근 이 항목들을 '문장 형식'으로 재구성하여 제시하기도 하는데, 그 취지를 잘 살펴보면 모두 앞서 언급한 네 항목에서 주로 출발하는 것임을 알 수 있다.

기본 항목을 기반으로 확장된 항목들 예시는 다음과 같다.

성장과정	• 본인의 성장과정과 그 과정에서 가장 어려웠던 점 그리고 그것을 극복하기 위해 했던 행동과 생각 결과에 대해 구체적으로 작성하시오. • 자신의 삶에서 가장 소중한 기억과 그 의미에 대해 기술하시오. • 본인의 성격과 그 장단점을 가장 기억에 남는 경험 및 그 결과와 관련하여 최대한 구체적으로 작성하시오.
성격의 장단점	• 자신의 성격 때문에 타인에게 상처를 주었던 일화에 대해 솔직하게 작성하시오. • 나의 성격에서 가장 심각한 '문제'를 발견할 수 있었던 사건에 대해 기술하시오.

학교생활 및 사회생활	• 타인과 공동 생활 혹은 공동 작업을 수행하면서 갈등을 겪었던 경험과 갈등 해결 과정을 기술하시오. • 고등학교 혹은 대학생활에서 여러 사람과 협동해서 하는 일에 가장 크게 기여한 경험에 대해 써 주십시오. 자신이 맡았던 역할, 실제 기여한 점, 주위 사람을 배려한 점, 결과를 구체적으로 작성하기 바랍니다.
지원 동기 및 입사 후 포부	• 우리 회사에 왜 입사하고 싶은지 다른 기업과의 차별화된 점을 중심으로 기술하시오. • 지원 분야에 본인이 적합하다고 판단될 수 있는 객관적인 사유를 구체적으로 기술하시오.

항목별 자기소개서 작성의 핵심 원리는, 앞서 작성한 〈스토리 표〉를 적극 활용하여 '일화 중심'의 글을 쓰는 것이다. 다양한 소재를 나열하기보다는 하나의 의미 있는 스토리를 담는 것이 중요하다. 또한, 이 스토리에 '의미를 부여'하는 것도 필수요소이다.

다음의 예시를 보면, 아버지와 아들이 매일 아침 한자리에 앉아 신문을 읽으며 대화하는 모습을 떠올릴 수 있다. 아버지와 아들의 관계 형성이 원만함을 짐작할 수 있는 것은 물론, '아침마다 신문 읽기'가 주는 원칙과 약속에 대한 가치를 언급하며 의미를 부여한 부분도 선명하게 드러난다. 즉, 아버지와의 신문 읽기 일화를 통해 〈가치관의 형성+세상을 바라보는 눈+원칙과 약속의 위대함〉을 깨우쳤다고 밝힘으로써 스토리와 그에 해당하는 의미 부여가 잘 드러난 좋은 예시로 판단해 볼 수 있겠다.

항목	스토리 표에서 선별한 내용
성장과정	• 아버지는 신문 읽기를 좋아하셨다. • 아버지께서는 원칙과 약속을 중요하게 여기셨다.

작성 예시	유년 시절, 달콤한 아침잠을 포기하고 신문 앞에 앉는 일은 제게 큰 곤욕이었습니다. (중략) 시일이 지날수록 아버지와 함께 신문을 읽는 시간은 제 하루의 중요한 일과로 자리잡게 되었습니다. 아침에 신문을 읽으며 아버지와 저는 자연스럽게 오늘의 주요 이슈에 대해 대화를 나누게 되었고, 대화가 지속되면서 아버지와의 공감대가 형성되고 세상을 보는 나름대로의 가치관이 형성되어가고 있음을 깨닫게 되었습니다. 신문 읽기라는 아버지의 작은 원칙은 바른 가치관을 갖고 청소년기를 보낼 수 있게 해 준 원동력으로 작용한 것은 물론, 원칙과 약속의 중요함에 대해 알게 해 준 소중한 교육이었습니다.

활동 스토리와 의미 부여가 잘 드러나도록 준비 과정을 거쳐 자기소개서의 대표적인 네 항목 중 두 항목을 골라 500자 기준으로 작성해 보자.
(성장과정 / 성격의 장단점 / 학교생활 및 사회생활 / 입사 후 포부 중 택 2)

글의 개요 작성 :

항목	내용 작성

단원 마무리

학습 마무리 체크

- [ ] 1. 모든 문장은 간결하고 명료하게 작성해야 한다. (O, X)
- [ ] 2. 불필요한 접속어투 문장은 지양해야 한다. (O, X)
- [ ] 3. 주석 작성 방법을 설명할 수 있다. (O, X)
- [ ] 4. 스토리 기반 자기소개서 작성을 위해 필요한 과정을 설명할 수 있다. (O, X)
- [ ] 5. 자기소개서에는 '특별하고 희귀한' 경험이 필요하다. (O, X)

실용적 글쓰기에 대해 새롭게 알게 된 사실이나 수업 내용을 정리해 보자.

PART 6

의사표현능력과 프레젠테이션

학습 목표

1. 의사표현의 개념과 중요성을 설명할 수 있다.
2. 의사표현의 원리와 방해 요인, 해결 방안을 알 수 있다.
3. 상황과 대상에 따른 의사표현법을 설명할 수 있다.
4. 설득력 있는 의사표현을 할 수 있다.
5. 프레젠테이션 기술과 도구를 효율적으로 사용할 수 있다.

사전 체크리스트

- ☐ 1. 나는 나의 의사표현 방식을 잘 파악하고 있다. (O, X)
- ☐ 2. 나는 발표를 할 때 극도의 긴장감을 느낀다. (O, X)
- ☐ 3. 상대의 요구를 거절할 때는 단호하게 거절하는 편이다. (O, X)
- ☐ 4. 나의 발음, 어투, 음량 등을 체크한 경험이 있다. (O, X)
- ☐ 5. 프레젠테이션의 구성 원리를 알고 있다. (O, X)

3분 글쓰기

BRAINSTORMING

의사표현(말하기)와 프레젠테이션에 대한 자신의 생각을 3분 동안 쉬지 않고 떠오르는 대로 써 보자. 체계를 갖추지 않고 자유롭게 써도 된다.

의사표현의 정의

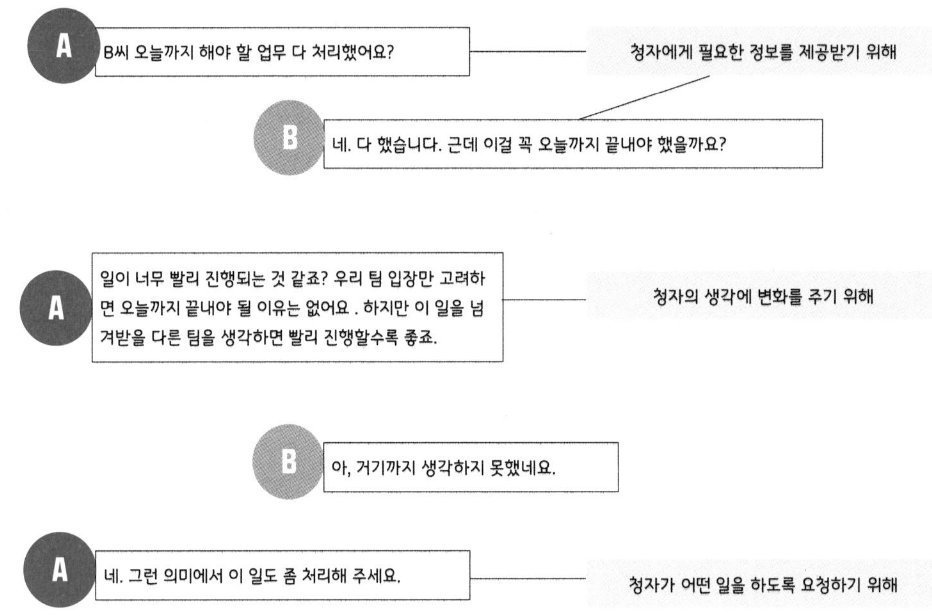

1. 의사표현은 어떤 상황에서 사용할까?

① 화자가 청자의 사상이나 생각의 변화를 주려고 할 때

② 화자가 청자에게 필요한 정보를 제공받기 위해 질문할 때

③ 화자가 청자에게 어떤 일을 해 주도록 요청할 때

즉, 의사표현은 화자가 청자의 생각과 사고의 변화를 요구하거나 정보를 제공받거나 어떤 일을 해 주도록 요청할 때 사용한다.

2. 의사표현의 의미를 정의해 보자.

의사표현이란 한마디로 말하기이다.
즉 다양한 상황에서 화자가 청자에게 전하는 언어이다.

의사표현은 **음성언어와 신체언어**로 이루어진다.

- 음성언어 : 음성(말소리)로 표현되는 언어
- 신체언어 : 몸짓, 손짓, 발짓, 표정 등으로 표현되는 언어

화자 청자

자신의 의사를 효과적으로 전달해 대인관계를 원만하게 만들고 사회생활을 성공적으로 영위하게 만드는 능력

언어를 매체로 하는 의사소통 과정에 관한 충실한 이해를 바탕으로 형성되는 종합적이고 고차원적인 표현

화자 청자

의사표현의 종류

직업기초능력에서는 의사표현의 종류를 다음과 같이 분류하고 있다.

- 공식적 말하기: 사전에 준비된 내용을 청자 혹은 대중을 대상으로 말하는 것
- 의례적 말하기: 정치적·문화적 행사에서와 같이 의례 절차에 따라 말하는 것
- 친교적 말하기: 친근한 사람들끼리 가장 자연스러운 상태에서 주고받는 말

이중에서 자신의 공적 능력을 가장 잘 보여주는 말하기는 '공식적 말하기'이다.

공식적 말하기에 대해 구체적으로 알아보자.

1. 공식적 말하기

공식적 말하기에는 연설, 토의, 토론 등이 있다.

- 연설 : 화자가 청중을 대상으로 자신의 사상, 감정, 주의, 주장을 일방적으로 말하는 매스 커뮤니케이션(mass communication)의 한 형식
- 토의 : 여러 사람이 함께 모여 공통의 주제(문제)에 대해 각자의 의견을 제시하고 검토하여 가장 좋은 해답을 얻기 위해 협의하는 말하기
- 토론 : 어떤 논제(주제)에 관해 찬성자와 반대자로 나뉘어 각기 논리적인 근거를 발표하고, 상대의 논거가 부당하다는 것을 명백히 밝히는 말하기

토론 주제 예시 : 찬반으로 나눌 수 있는 주제

① 이번 학기 우리 학과 MT 장소는 어디가 좋을까?

② 사형제도의 존립 문제

③ 인터넷 실명제를 전면적으로 실시해야 하는가?

④ 저출산 문제를 해결하기 위한 방안

2. 토의 진행을 위해 필요한 것

토의를 진행하기 위해 필요한 것은 무엇인지 생각해 보자. 주제를 정하고 문제점을 파악한 후, 원인과 전망 등에 대해 지식과 의견을 교환해, 주어진 문제의 의미를 정확히 인식해야 한다. 그리고 방안을 제시하고 검토한 후 최선의 해결 방안을 선택한다.

토의 준비 활동

학과　　　　　　　　　　　　학번　　　　　　　　　　　이름

주제 :

PART 1. 주제에 대한 개별 의견 정리하기 : 자유 문장 쓰기

1	
2	
3	
4	
5	
6	
7	
8	
9	
10	

PART 2. 주제와 관련한 신문기사를 읽고 키워드 및 핵심 내용을 정리하기(단, 2년 내의 기사를 중심으로 작성)

기사 제목	신문사/기사 작성 날짜/기자명	기사 키워드(핵심어) 2-3개	기사 내용 두 문장 요약

PART 3. 주제와 관련한 국내외 제도나 법률을 찾아 정리하기

	제도 혹은 법률 내용	자료 출처
1		
2		
3		

PART 4. 토의에서 내가 제안한 결과 구상하기(제안하는 이유를 구체적으로 설명할 것)

토의 실전

토의 주제 :

학과 학번 이름

1) 조원 소개 / 조 이름 정하기 [3분]
2) 주제에 대해 자유로운 의견 나누기 : 개별 '3회 이상' 발언할 것 [7분]
3) 지난 시간에 작성한 '토의 준비 활동지'를 기반으로 구체적인 토의 수행 [20분]
4) 결과 도출하기 (최대한 구체적으로 접근) [15분]

1. 사전 평가

	평가 내용	평가 점수(5-4-3-2-1)					
1	나는 적극적인 자세로 토의에 참여할 수 있다.						
2	(이 수업 이외에) '토의 준비과정'을 경험한 적이 있다.						
3	말하기 영역에 자신감이 있다.						
4	말하기 교육을 받은 적이 있다.						
5	발표, 토의, 토론 등 자기표현 중심의 말하기 교육이 필요하다고 생각한다.						
6	지금까지 발표, 토의, 토론에 적극적으로 참여한 편이다.						
	총점						

2. 나를 제외한 나머지 조원의 발표 중 인상 깊은 두 가지 내용 정리(간략한 문장으로 작성)

발표자 이름	내용

3. 토의 결과 도출 작성하기

1	
2	
3	

4. 개별 토의 평가 (서술 두 문장)

5. 사후 평가 (성취도 평가)

	평가 내용	평가 점수(5-4-3-2-1)					
1	전반적으로 만족스러운 토의를 수행하였다.						
2	토의 준비 과정을 처음 경험했다.						
3	토의 준비 과정은 결과적으로 '토의의 질적 수행'에 긍정적으로 작용했다.						
4	토의를 포함한 말하기 영역의 중요성에 대해 알게 되었다.						
5	말하기 중심의 표현하기 영역에 이전보다 자신감이 생겼다.						
6	앞으로 '말하기 활동'에 이전보다 적극적으로 참여할 수 있다.						
	총점						

의사표현의 중요성

의사표현, 즉 말이 그 사람의 이미지를 결정한다. 의사표현은 말하는 이가 자신의 생각과 감정을 듣는 이에서 표현하는 행위이다. 의사표현능력은 의사소통의 중요한 수단으로 직장인들이 개인이나 조직 간에 원만하게 관계를 유지하고 업무 성과를 높이기 위해서는 필수적인 능력이다.

사람들은 적절한 의사표현을 통해 상대에게 보이고 싶은 성격이나 능력, 매력 등을 노출할 수 있다. 특히 의사표현을 통해 형성된 긍정적 이미지는 인적 네트워크를 형성하는 데 중요한 자산이 된다.

사례 부정적 이미지와 긍정적 이미지

대화1 부정적 이미지	대화2 긍정적 이미지
A : 저… 그… 저 사람 너무 자기만 생각하는 것 같지 않아요? B : 네? 왜요? A : 생긴 것도 그렇고 말하는 것도 마음에 안 들어서요. B : 그렇군요.	A : 저분 대단하시네요. B : 네? 왜요? A : 구체적이면서도 조리 있게 말을 하시잖아요. B : 그렇군요.

의사표현의 원리

말을 잘하고 싶지만 뜻대로 되지 않는 경우가 많다. 의사표현의 원리와 방해 요소 그리고 그 해결 방안을 알아보자.

의사표현 내용은 상황마다 다르게 전개될 수 있지만 다음과 같은 기본적인 원리를 가지고 있다.

- 순환의 원리, 협력의 원리(그라이스), 공손성의 원리(레이코프, 리치)

의사표현의 원리를 익혀 자신의 의사표현능력을 점검하고 발전시켜 보자. 의사표현의 원리에 관해 알아보자.

사례 순환의 원리 적용 여부

대화1	대화2
A : 오늘 날씨가 참 좋네요. 이제 진짜 가을이에요. B : 네. 이제 정말 가을인 것 같아요. A : 이번 가을에 무슨 계획이라도 있으세요? B : 아뇨. 아직 없어요. A : 가을 하면 단풍인데, 단풍 보러 갈 생각 없으세요? B : 생각은 있지만 잘 모르겠어요.	A : 오늘 날씨가 참 좋네요. 이제 진짜 가을이에요. B : 네. 이제 정말 가을인 것 같아요. A 씨는 이번 가을에 무슨 계획이라도 있으세요? A : 저는 설악산에 단풍 보러 갈까 합니다. B 씨는 계획 있으세요? B : 아뇨. 아직 없어요. A : 그럼 언제 한번 설악산에 단풍 보러 갈까요? B : 좋아요.

1. 순환의 원리

대화에서 화자와 청자의 역할은 수시로 교대되므로 적절하게 교대할 수 있도록 노력해야 한다. 어떻게 하면 정보를 체계적으로 전달하고 수용할 수 있을지, 또 상대의 정보를 어떻게 하면 끌어낼 수 있을지 고민해야 한다. 의도적인 것이 아니라면 상대와 대화를 이어나갈 여지를 남겨야 한다.

2. 협력의 원리(그라이스)

대화는 대화 참가자가 협력해서 만들어가는 산물이라고 보고, 정상적 의사소통이 가능하기 위해서는 지켜야 할 일정한 원칙이 있다고 한다.

- 양의 격률 : 대화의 장면에 맞도록 적절한 양의 내용을 말할 것
- 질의 격률 : 자기가 참이라고 믿는 사실만을 진실하게 말할 것

활동 제시된 상황에 대해 협력의 원칙과 공손의 원칙으로 대응하는 대화문을 작성해 보자.

공손의 원칙은 나의 의도를 직접 말로 표현하지 않고 상대가 말하도록 유도할 것

친한 친구에게 부탁하는 경우 (협력의 원칙)	친하지 않은 친구에게 부탁하는 경우 (공손의 원칙)

- 관련성의 격률 : 화제에 관련된 내용을 말할 것
- 태도의 격률 : 모호하거나 불명료한 내용을 말하지 말 것

3. 공손성의 원리(레이코프)

하지만 협력의 원리와 같은 명쾌한 의사소통은 잘 지켜지지 않는다.

- 강요하지 말 것(Don't impose)
- 상대에게 선택권을 줄 것(Give options)
- 우호적일 것(Make A feel good - be friendly)

사례 대화의 상황 : 수업 쉬는 시간에 교수와 조기 취업한 학생의 대화

협력의 원칙	공손의 원칙
A : 저, 드릴 말씀이 있습니다. B : 네. 이야기해 보세요. A : 제가 취업을 해서 취업계를 제출해야 하는데 교수님의 사인이 필요합니다. 내일 오전에 찾아봬도 되겠습니까? B : 그러세요. 오전에 있어요. A : 그럼 내일 10시쯤 괜찮으시겠습니까? B : 네. 알겠습니다. A : 내일 뵙겠습니다.	A : 교수님, 저 취업했습니다. B : 그래요? 축하해요. A : 네. 감사합니다. 그런데 갑자기 이것저것 준비할 게 많아서 정신이 하나도 없습니다. B : 그렇겠군요. 하지만 좋은 일이니까 기분 좋게 잘 대처해야죠. 아, 취업계도 내야 되잖아요? A : 맞습니다. 교수님께도 서명을 받아야 합니다. B : 언제든지 오세요. 내일 오전이어도 되고요. A : 그럼 내일 오전에 찾아뵙겠습니다. B : 10시쯤 오면 되겠네요. A : 네. 알겠습니다. 내일 10시에 연구실로 가겠습니다. 감사합니다.

4. 공손성의 원리(리치)

이 원리는 대화가 내가 아닌 타인과 함께해야만 하는 상호작용이라는 것을 전제로 만들어진 이론이다. 즉, 타인은 내가 아니므로 나의 속마음과 태도를 정확하게 읽어 낼 수는 없다. 따라서 타인과 기분 좋게 대화를 마무리하고 우호적인 대인관계를 유지하기 위해서는 타인에게 내가 좋은 의도로 이 말을 한다는 것을 적극적으로 표현해야만 한다. 그러기 위해서는 최대한 공손하고 예의 바른 어법이 필요하다. 이를 위해 리치는 크게 다섯 가지의 하위 법칙을 제시한다.

- 요령의 격률 : 상대에게 부담이 되는 표현 최소화
- 관용의 격률 : 화자 자신에게 이익이 되는 표현 최소화
- 칭찬의 격률 : 상대에 대한 비방은 최소화, 칭찬은 극대화
- 겸양의 격률 : 자신에 대한 칭찬은 최소화, 자신을 낮추는 말은 최대화
- 동의의 격률 : 상대와 불일치하는 표현 최소화, 일치하는 표현 최대화

사례 공손성의 원리 보기

요령의 격률	A : 혹시 자금에 여유가 있나요. 저에게 투자하시지 않겠습니까? *A : 돈 좀 빌려 주세요.
관용의 격률	A : 제가 집중을 못해서 못 들었는데, 다시 한 번 설명해 주시겠습니까? *A : 말을 분명하게 해 주세요.
겸양의 격률	A : 아주 훌륭하게 일을 처리하는 것을 보니 능력이 대단하십니다. B : 아니에요. 과찬이십니다.

칭찬의 격률	A : 유물을 모르고 보면 죽어 있는 것처럼 보이지만, 만들어지게 된 배경이나 사연 그리고 지식을 조금이라도 알고 가면 마치 그것과 대화하는 듯한 느낌을 받는단 말이야. B : 그렇겠다. 전문가랑 이야기하니까 나도 덩달아 수준이 조금은 높아지는 것 같네.
동의의 격률	A : 내일 영화 보러 갈래? 내가 예매해 놓을게. B : 영화 좋지. 근데 다음 주쯤이면 단풍 질 것 같은데, 단풍 보러 가는 건 어떨까?

의사표현의 방해 요인과 해결 방안

의사표현에 영향을 미치는 요소는 여러 가지 열거할 수 있지만, 여기서는 연단공포증, 말, 음성, 몸짓, 유머 등 5가지에 대하여 알아보고자 한다.

- 연단공포증 : 우리는 연단에 섰을 때, 정도의 차이는 있지만 누구나 가슴이 두근거리고 입술이 타고 식은땀이 나고 얼굴이 달아오르는 생리적인 현상
- 말 : 말의 장단, 고저, 발음, 속도, 쉼, 띄어 말하기를 포함한다.
- 음성 : 자신의 목소리로 음성, 고저, 명료도, 쉼, 감정이입, 완급, 색깔, 온도 등을 의미한다.
- 몸짓 : 청자에게 인지되는 비언어적 요소로 우리는 대체로 화자의 외모, 동작 등을 의미한다.
- 유머 : 웃음을 주는 것으로, 흥미 있는 이야기나 풍자 또는 비교로, 반대 표현으로, 모방으로, 예기치 못한 방향 전환으로, 아이러니 등의 방법을 활용한다.

1. 연단공포증

(1) 연단공포증의 증상

우리는 연단에 섰을 때, 정도의 차이는 있지만 누구나 가슴이 두근거리고 입술이 타고 식은땀이 나고 얼굴이 달아오르는 생리적인 현상을 느끼게 된다. 연단공포증은 소수인의 심리상태가 아니라 90퍼센트 이상의 사람들이 호소하는 불안이다. 그러므로 이를 걱정할 필요는 없으며 오히려 이러한 심리현상을 잘 통제하면서 구두 표현을 한다면 듣는 사람은 그것을 더 인간다운 것으로 생각하게 될 것이다. 이러한 공포증은 본질적인 것이기 때문에 이것을 완전히 치유할 수는 없다. 그러나 식사나 수면 욕구를 다소 통제할 수 있듯이, 우리는 의사전달 시 노력에 의해서 우리를 당황케 하는 심리적 불안을 얼마간 유화시킬 수 있다.

- 청중 앞에 서면 긴장하거나 주눅이 드는 심리 상태이다.
- 목소리가 떨리고 입이 마르며 식은땀이 난다.
- 아무것도 생각 나지 않고 머리가 뿌옇게 변하기도 한다.

(2) 연단공포증의 원인

- 경험이 없거나 청중을 두렵게 생각하는 경우
- 청중 앞에서 거부당하거나 창피당하는 것에 대한 두려움이 있는 경우
- 청중의 반응을 불리하게 해석하는 경우
- 발표에 대한 충분한 계획이나 준비를 하지 못한 경우
- 외모, 능력, 성격에 대한 열등감이 있는 경우

(3) 연단공포증의 극복 방법

① 완전무결하게 준비하라.

② 청중 앞에서 말할 기회를 자주 가져라.

③ 시간보다 더 많이 준비하라.

④ 충분히 휴식하라.

⑤ 처음부터 웃겨라.

⑥ 심호흡을 하라.

⑦ 청자 분석을 철저히 하라.

⑧ 청자를 호박으로 보라.

⑨ 청자의 코를 보라.

활동 조별로 토의 진행

1. 조 나누기(5명 이상)

2. 조장 정하기(기준은 적당히), 조별 이름 정하기

3. 각자 메모 내용 취합하기

나의 연단공포증 점수는? 총점(　　점/45점)

1점	2점	3점	4점	5점
매우 편안함	편안함	보통	불편함	매우 불편함

section A : 수업시간 외

1. 수업시간 외에 조별로 모여 읽기 등을 해야 합니다. (　　)

2. 수업시간 외에 조별로 모여 의견을 말해야 합니다. (　　)

3. 수업시간 외에 조별로 모여 발표를 해야 합니다. (　　)

section B : zoom 수업

1. zoom수업에서 읽기 등을 해야 합니다. (　　)

2. zoom수업에서 의견을 말해야 합니다. (　　)

3. zoom수업에서 발표를 해야 합니다. (　　)

section C : 수업시간

1. 수업시간에 읽기 등을 해야 합니다. (　　　)

2. 수업시간에 의견을 말해야 합니다. (　　　)

3. 수업시간에 발표를 해야 합니다. (　　　)

조별 활동표

As is (현재 상황)	To be Image	(수정된) 과제명	Good case	해결 방안	예상 장애요인	실행전략

1. 우리 조 조원들의 현재 상황은?

2. 우리 조 조원들이 원하는 모습은 어떤 것인가?

3. 우리 조가 이루고자 하는 목표는 무엇인가?

4. 우리 조가 이루고자 하는 바의 좋은 모델은 무엇인가?

5. 그럼 우리 조의 해결 방안은 어떤 것을 제시할 수 있을까?

6. 우리 조가 제시한 해결 방안을 이루기 위해서 예상되는 장애요인은 무엇인가?

7. 우리 조가 제시한 해결 방안을 위해 우리 각자가 해결해야 할 Action plan은 무엇인가?

2. 말

한번 뱉은 말은 돌이킬 수 없는 말의 일회성 때문에 우리는 책임 있는 말을 해야 한다. 실수를 줄이려면 가능하면 간결하게 상대방에게 의사전달을 해야 한다. 또한, 화자의 발음이 정확한지의 여부도 그 사람의 의사표현에 미치는 영향이 매우 크다.

(1) 장단

목소리의 길이는 한 음절을 얼마나 오래 끌며 발음하느냐를 뜻한다. (눈/눈, 말/말, 밤/밤)

(2) 고저

우리말에는 낱말의 구조에 따라 소리 차이가 생기는 고조 현상이 있다. (예 : '돈이 없다'에 비해서 '아기를 등에 업다'의 '업' 등)

(3) 발음

발음을 정확하게 하기 위해서는 천천히 복식호흡을 하여 깊은 소리를 내며 침착하게 이야기하는 습관을 가져야 한다. 그리고 표준발음법대로 발음하는 연습이 필요하다.

- 발음이 부정확하면 상대가 그 의미를 이해하기 어렵다.
- 발음이 부정확한 사람들 대다수는 한 구절의 끝부분을 얼버무린다.
- 사투리가 너무 강한 경우에도 발음이 부정확하게 들릴 수 있다.

발음을 바르게 내는 기본 요령은 다음과 같다.

① 호흡을 충분히 할 것

② 목에 힘을 주지 말 것

③ 입술과 혀와 턱을 빨리 움직일 것

(4) 속도

말을 할 때 속도에 의도적으로 변화를 주면 말하는 사람의 감정을 실어 표현할 수 있다. 날카롭게 또는 화나서 말하면 말이 빨라진다. 그러나 정중하게 또는 상냥하게 말하면 다소 느려진다.

중간 속도라는 것은 속도가 너무 빠르지도 느리지도 않게 말하는 것을 의미하는데, 여러 사람 앞에서 말할 때는 어느 정도의 속도가 가장 적당할까?

발표할 때 기본적인 말의 보통 속도는 10분에 200자 원고지 15장 정도로 하는 것이 적당하다.

- 말이 너무 느리면 분위기가 처지고 상대의 집중력이 흐트러질 수 있다.
- 말이 너무 빠르면 상대가 메시지를 놓칠 수 있고 성의 없다는 느낌을 줄 수 있다.
- 의도적으로 말의 속도에 변화를 주면 특정 메시지를 강조하거나 분위기를 조절할 수 있다.

(5) 쉼

쉼이란 이야기 속에 주어지는 침묵의 시간을 말한다. 이는 심리적 효과를 증대시키기 위하여 의식적으로 말을 끊는 것으로, 이를 잘 활용함으로써 우리는 논리성, 감정 제고, 동질감 등을 확보할 수 있다.

- 쉼 없이 말하면 상대의 집중력이 떨어질 수 있다.
- 쉼 없이 말할 경우 대화의 방향이 일방적으로 흘러갈 수 있다.

(6) 띄어 말하기

띄어 말하기란 분절에 의해 문장의 전후가 구분되는 호흡 단위이다.

3. 음성(목소리)

목소리는 메시지의 전달뿐만 아니라 화자에 대한 인상을 반영한다. 즉, 약하고 여린 목소리는 화자의 용기와 열성을 감소시키며, 단조로운 목소리는 내적 열정을 잠자게 한다. 시각표현과 마찬가지로 청각표현도 청자의 주의를 환기시킨다.

- 편안한 마음으로 들을 수 있는 적절한 크기
- 분명하고 명확한 음성
- 상황이나 표현 내용에 따라 다른 음성 내기
- 음성은 화자의 개성, 연령, 삶의 깊이와 밀접한 연관이 있는 만큼, 진실된 목소리를 가져야 한다.

메리비안의 법칙

- 언어 : 대화의 내용 7퍼센트
- 음성 : 발음/음색/호흡(청각적 이미지) 38퍼센트
- 태도 : 표정/동작/시선/몸의 각도 (시각적 이미지) 55퍼센트

활동 다음 내용을 발음/끊어 읽기/속도/목소리를 의식하여 읽어 보자. (공란 포함 346자, 읽는 데 1분 30초 정도의 속도 유지)

끊어 읽기는 띄어 쓴 부분을 모두 끊어 읽으면 의미 파악이 힘들다. 첫 행의 / 처럼 의미가 잘 통하도록 끊어 읽으면 좋다.

> 인터넷상의 읽기는 / 활자로 인쇄한 책을 읽는 방식과는 / 다르다. 책이라는 고정된 화면은 독자가 자율성을 가지고 읽는 속도나 방식을 조절할 수 있다. 또 천천히 느리게 책의 내용을 음미하면서 고독과 사색의 시간을 즐기기도 한다. 그러나 인터넷은 이런 사색이 불가능하다. 실시간으로 올라오는 정보의 폭주와 움직이는 화면은 겉핥기식 읽기로갈 수밖에 없다. 빠른 속도로 읽다 보니 깊이 읽기가 안 되고 주변의 영상과 광고, 사진 등으로 인해 집중이 불가능하다. 이러한 인터넷상의 환경은 급격한 사고력 저하와 집중력 약화라는 결과를 가져왔다. 책을 읽으면 자동으로 연계되던 사고작용은 인터넷의 등장으로 점점 사라지고 있다.

1. 발음은 정확했는가?

2. (주어/수식어 등) 끊어 읽기를 지켰는가?

3. 읽는 속도는 적절했는가? 1차 읽기(분 초), 2차 읽기(분 초)

4. 목소리는 큰 목소리로 차분하게 읽었는가?

4. 몸짓(비언어적 표현)

우리는 각기 정도는 다르지만 대개 의사를 표현할 때 두려움을 경험한다. 이 공포증을 감소시키기 위하여 우리는 충분히 준비를 하고, 심리적 불안은 정상적인 것으로 생각하여 안정을 회복하며, 내용에 부합되는 제스처로써 오히려 이것을 긍정적인 방향으로 전환해야 한다. 성공적인 화자는 언어적인 요소와 비언어적인 요소를 잘 결합하여, '어떻게'와 '무엇을'이 일치되도록 노력한다. 이때 비언어적 표현은 언어가 아닌 몸으로 하는 표현을 말한다. 성공적인 화자는 언어적 표현과 비언어적 표현을 결합해 의사표현을 진행한다.

청자에게 인지되는 비언어적 요소로는 대체로 화자의 외모, 동작 등을 들 수 있다.

(1) 외모

외모 면에서 자세, 복장, 얼굴 표정이 청자에게 보낼 수 있는 모든 신호일 것이다. 몸동작의 기초가 되는 것은 화자의 자세이다. 여기서도 자연스러운 자세가 화자에게 좋은 자세이다.

(2) 동작

화자의 동작은 그것이 의도적이든 아니든 청자에게 어떤 의미를 부여한다.

몸짓을 자연스럽게 하는 방법

① 두 다리 사이를 너무 넓게 벌리지 않는다.

② 몸의 체중을 한쪽 다리에 의존하지 않는다.

③ 지나치게 경직된 자세를 피한다.

④ 갑자기 자세를 고치지 않는다.

⑤ 뒷짐을 지든가, 팔짱을 끼든가, 손을 주머니에 넣지 않는다.

⑥ 화자와 청자의 시선을 연결시킨다.

⑦ 시선을 골고루 배분한다.

⑧ 눈동자를 함부로 굴리지 않는다.

⑨ 시선을 불안하게 두지 않는다.

⑩ 대화의 내용과 시선을 일치시킨다.

5. 유머

유머가 없는 의사표현은 새가 없는 정원에 비유될 수 있다. 하지만 자연스러운 유머 감각은 하루아침에 만들어지는 것은 아니다. 한국 사람은 유머 감각이 둔한 편이라고 한다. 훈련을 쌓아야만 자연스럽게 상황에 맞는 유머를 즉흥적으로 구사할 수 있다.

유머는 흥미 있는 이야기로, 과장된 표현으로, 권위에 대한 도전으로, 자기 자신의 이야기로, 엄숙한 분위기를 가볍게 만들 때, 변덕스러운 말로, 풍자 또는 비교로, 반대 표현으로, 모방으로, 예기치 못한 방향 전환으로, 아이러니 등 다양한 방법이 활용된다.

- 유머 없는 의사표현은 상대에게 지루함을 느끼게 할 수 있다.
- 진부하고 식상한 유머는 상대의 반응을 이끌어내기 어려울 수 있다.
- 일상에서 적절히 훈련해야 낯선 의사소통 상황에서 자연스러운 유머를 구사할 수 있다.

유머를 활용하는 방법

① 자기의 실패담을 이야기한다.

② 기발하고 참신한 자료를 찾는다.

③ 한 단계 더 파고 든다.

④ 습관적인 사고방식을 배제한다.

⑤ 청자 가운데 한 사람을 화제로 삼는다.

⑥ 쾌활한 태도로 간단한 이야기를 임기응변식으로 처리한다.

⑦ 이야기는 빨리 하고 빨리 끝낸다.

⑧ 서투른 유머를 해서는 안 된다.

⑨ 무리하게 웃기려고 하지 않는다.

⑩ 청자를 염두에 두고 이야기를 선택해야 한다.

⑪ 다른 사람의 기분을 상하게 하는 이야기는 하지 말아야 한다.

⑫ 화자가 먼저 웃어버리면 안 된다.

⑬ 진지한 내용의 연설을 전개할 때는 요점 보강에 주력하되 유머 삽입은 가능하면 피한다.

활동

1. 유머에 관한 자신의 성공담이나 실패담을 이야기해 보자.

2. 한번 유머를 시도해 보자. (상황 : 조별 모임에서 조장인 자신이 분위기를 부드럽게 하고 싶을 때)

상황에 따른 의사표현 방법

의사표현을 하다 보면 곤란한 말을 해야 할 때도 있고, 불쾌한 감정을 타인에게 전해야 할 때도 있다. 상황과 대상에 따른 의사표현법을 알아보자.

(1) 상대방의 잘못을 지적할 때

상대방이 알 수 있도록 확실하게 지적한다. 모호한 표현은 설득력을 약화시킨다. 상대방의 잘못을 지적할 때는 먼저 상대방과의 관계를 고려한다. 힘이나 입장의 차이가 클수록 저항이 적다. 또한 지금 당장 꾸짖고 있는 내용에만 한정해야지, 이것저것 함께 꾸짖으면 효과가 없다.

(2) 상대방을 칭찬할 때

칭찬은 별다른 노력을 기울이지 않아도 항상 상대방을 기분 좋게 만든다. 그러나 자칫 잘못하면 아부로 여겨질 수 있으므로 칭찬도 센스 있게 해야 한다. 예를 들면, 상대방이 중요하게 여기는 것을 칭찬한다. 처음 만나는 사람에게 말을 할 때는 먼저 칭찬으로 시작하는 것이 좋다. '사무실이 아주 좋은 곳에 있군요.' 같은 간단한 칭찬이 상대를 기분좋게 한다.

(3) 상대방에게 부탁해야 할 때

먼저 상대의 사정을 듣는다. '괜찮습니까?' 하고 상대의 사정을 우선시하는 태도를 보여준다. 그런 다음 응하기 쉽게 구체적으로 부탁한다. 기간, 비용, 순서 등을 명확하게 제시하면 상대방이 한결 받아들이기 쉽다. 이때 혹시 거절을 당해도 싫은 내색을 하지 말아야 한다.

(4) 상대방의 요구를 거절해야 할 때

먼저 사과를 한 다음, 응해줄 수 없는 이유를 설명한다. 불가능하다고 여겨질 때는 모호한 태도를 보이는 것보다 단호하게 거절하는 것이 좋다. 거절을 하는 경우에도 테크닉이 필요하다. 정색을 하면서 '안 된다'고 딱 부러지게 말을 하면 상대가 감정을 갖게 되고, 자칫하면 인간관계까지 나빠질 수 있으므로 주의해야 한다.

(5) 명령해야 할 때

'○○을 이렇게 해라!' 식으로 하인 다루듯 강압적으로 말하기보다는 '○○을 이렇게 해주는 것이 어떻겠습니까?' 식으로 부드럽게 표현하는 것이 훨씬 효과적이다.

(6) 설득해야 할 때

일방적으로 강요하거나 상대방에게만 손해를 보라는 식으로 하는 '밀어붙이기 식' 대화는 금물이다. 먼저 양보해서 이익을 공유하겠다는 의지를 보여주어야만 상대방도 받아들이게 된다. 따라서 자신이 변해야 상대방도 변한다는 사실부터 받아들여야 한다.

(7) 충고해야 할 때

사람들은 자신의 존재와 능력을 인정해주고 칭찬해주는 사람에게 마음을 열게 되어 있다. 자신에게 부정적이거나 거부 반응을 보이는 사람에게는 결코 타협적이거나 우호적일 수 없다. 충고는 마지막 방법이다. 하지만 그래도 충고를 해야 할 상황이면 예를 들거나 비유법으로 깨우쳐주는 것이 바람직하다.

(8) 질책해야 할 때

질책화법에 샌드위치 화법이 있다. 샌드위치 화법이란 '칭찬의 말' + '질책의 말' + '격려의 말'처럼, 질책을 가운데 두고 칭찬을 먼저 한 다음 끝에 격려의 말을 하는 것이다. 그렇게 하면 듣는 사람이 반발하지 않고 받아들이게 된다. 혹 비난을 하고 싶은 생각이 들 경우, 비난하거나 야유하는 말은 결국 부메랑이 되어 자신에게 다시 돌아온다는 사실을 먼저 떠올리도록 하자.

원활한 의사표현을 위한 지침

원활한 의사표현을 하기 위해서는 다른 사람의 마음을 읽어 낼 줄 알아야 한다. 좋은 말은 더 기분 좋게, 부담스러운 내용이라도 실망이나 다툼을 야기하지 않고 상호 이해할 수 있도록 부드럽게 처리하는 요령이 필요하다. 성의 있고 진실한 자세, 상대에 대한 세심한 관찰, 긍정과 공감에 초점을 둔 의사표현 기법을 습득하고 있다면 안정감 있는 인간관계를 이루는 것이 그리 어렵지는 않을 것이다.

1. 올바른 화법을 위해 독서를 하라.

대화는 일방적인 것이 아니라 주고받는 것이다. 따라서 상대방의 채널에 맞춘다는 기분으로 하는 것이 바람직한 의사표현법이다. 핵심은 구체적으로 짚되, 표현은 가능한 한 간결하게 한다. 중언부언은 가장 나쁜 의사표현 버릇이다. 상대방이 말할 때 '지금 당신의 이야기를 이해하고 있다'는 신호를 보내면서 가능한 한 끝까지 들어준다. 올바른 의사표현법의 기본은 독서에 있다. 유창하고 능숙한 말솜씨를 가지려면 풍부한 어휘력이 필요한데, 어휘력을 기르는 데는 책을 읽는 것이 크게 도움이 된다.

2. 좋은 청중이 되라.

말을 잘 하는 사람은 남의 말을 잘 듣는 사람이다. 평판 좋은 이들을 보면 대개 말수가 적고, 상대편보다 나중에 이야기하며, 다른 이의 말에 세심히 귀를 기울이는 것을 알 수 있다. 의사표현의 목적을 파악한 뒤 그 기준에 맞추어 상대방의 말을 경청한다. 상대방의 말이 채 끝나기 전에 어떤 답을 할까 궁리하는 것은 좋지 않다. 주의가 분산돼 경청에 몰입하는 것이 어려워지기 때문이다. 불필요한 감정과 시간의 소모 없이 생산적인 의사표현을 이끌어가기 위해서는 상대방의 성격, 인품, 습관을 미리 파악하는 것도 한 방법이다.

3. 칭찬을 아끼지 마라.

사람은 자신을 칭찬하는 사람을 칭찬하고 싶어 한다. 그러므로 남을 칭찬하는 것은 곧 나를 칭찬하는 일이다. 누구라도 한두 가지 장점을 갖고 있게 마련이다. 그것을 발견하여 진심 어린 말로 용기를 북돋워준다. 간혹 보면 거짓 찬사를 늘어놓는 사람이 있는데, 그럴 경우 오히려 관계를 더 뒤틀리게 할 수도 있으므로 주의해야 한다. 아첨인지 칭찬인지는 듣는 사람이 더 빨리 파악하게 된다.

4. 공감하고, 긍정적으로 보이게 하라.

가장 쉬운 방법은 상대편의 말을 그대로 받아서 맞장구를 치는 것이다. "요즘 사업하기 너무 힘들어!"라는 말을 들었을 때, 곧 "정말 힘이 드시겠군요." 하고 맞장구를 쳐주면 상대방이 편안함을 느낄 것이다. 사람은 자신의 희로애락에 공감하는 이들에게서 안정감과 친근감을 느끼기 때문이다.

긍정의 기술도 필요하다. "얼굴이 왜 그렇게 안 좋아요?"라고 하는 것보다는 "요즘 바쁘신가 봐요. 역시 능력 있는 분은 다르군요."라고 말해주는 편이 훨씬 효과적이다. 그때그때 적절한 감탄사를 동원하여 맞장구를 치는가 하면, 조심스럽게 의견을 제시해 보자. 그렇게 하면 상대방은 당신이 자신의 말을 경청하고 있음을 확실히 느낄 것이다.

5. 겸손은 최고의 미덕임을 잊지 마라.

누구나 다른 사람 앞에서 자신의 장점을 자랑하고 싶은 심리가 있다. 그러나 이러한 욕구를 적정선에서 제어하지 못하면 만나는 게 부담스럽고 껄끄러운 사람으로 낙인 찍힌다. 내면적으로 자신감을 갖고 있는 것과 잘난 척하는 것 사이에는 큰 차이가 있다.

장점은 남이 인정해주는 것이지 자신이 애써 부각시킨다고 해서 공식화되는 것이 아니다. 또 너무 완벽해 보이는 사람에겐 거리감이 느껴질 수도 있으므로 자신의 단점과 실패담을 앞세움으로써 더 많은 지지자를 얻을 수 있다는 사실을 기억해야 한다.

6. 과감하게 공개하라.

비밀의 공유는 강력한 유대감을 불러온다. 좋은 관계를 유지하고 싶은 상대방에게 먼저 자신의 속내를 드러낸다면 상당한 효력을 발휘할 것이다. 이는 곧 '나는 당신을 나 자신처럼 믿는다' 는 신뢰의 표현이기 때문이다.

7. '뒷말'을 숨기지 마라.

별것 아닌 일에도 버릇처럼 중의적인 표현을 사용하는 사람들이 있는데, 이는 곧이곧대로 칭찬하거나 감탄하는 대신에 석연치 않은 뉘앙스를 풍겨 상대방을 몹시 기분 나쁘게 한다. 피해야 할 대표적인 어투 중 하나이다.

특수한 상황이 아니라면 비꼬거나 빈정대는 듯한 표현은 삼가는 것이 좋다. 산뜻한 칭찬과 비판은 의사표현의 격을 높인다. 반대로 단정적인 말은 금물이다. 따라서 같은 내용이라도 보다 완곡하게 표현할 수 있도록 평소에 훈련해야 한다.

8. '첫마디'말을 준비하라.

의사표현에도 준비가 필요하다. 첫 만남을 앞둔 시점이라면 어떤 말로 이야기를 풀어갈지 미리 생각해두는 것이 좋다. 재치 있는 말이 떠오르지 않을 때는 신문 또는 잡지를 참고하거나, 그날의 대화 주제와 관련된 옛 경험을 떠올려 보는 것도 한 방법이다. 사업상의 만남일 경우, 상대방이 미처 생각하지 못하고 있을 법한 분야에 대한 지식을 한두 가지라도 쌓아두면 큰 도움이 된다.

9. 이성과 감성의 조화를 꾀해라.

논리적 언변은 대화를 이끌어가는 데 큰 힘이 된다. 그러나 이견이 있거나 논쟁이 붙었을 때 무조건 앞뒤 말의 '논리적 개연성'만 따지고 드는 자세는 바람직하지 않다. 그러한 자세는 사태 해결에도 도움이 되지 않지만, 설사 논쟁에서 승리한다 해도 두 사람의 관계를 예전으로 돌려놓는 것이 거의 불가능해진다.

학문적, 사업적 토론에는 진지하게 임하되 인신공격성 발언은 피하도록 한다. 또한 상대를 제압하기 위한 논리를 앞세우지 말고, 합의를 위한 논리를 지향해야 한다. 논쟁이 일단락된 다음에는 반드시 서로의 감정을 다독이는 과정을 밟도록 한다. 논쟁 자체가 큰 의미가 없는 것일 땐 감정에 호소하는 말로 사태를 수습하는 것도 나쁘지 않은 방법이다.

10. 대화의 룰을 지켜라.

좋은 의사표현에는 일정한 규칙이 있다.

- 상대방의 말을 가로막지 않는다.
- 혼자서 의사표현을 독점하지 않는다.
- 의견을 제시할 땐 반론 기회를 준다.
- 임의로 화제를 바꾸지 않는다.

익히 알고 있는 것들이지만 지키기는 쉽지 않다. 말을 주고받는 순서, 그리고 자기가 하려는 말의 분량을 늘 염두에 두고 있으면 실수를 줄일 수 있다.

11. 문장을 완전하게 말하라.

그냥 '됐어요'라고 하는 것보다는 '저 혼자 옮길 수 있습니다'라든지, '갈게요'보다는 '다녀오겠습니다'가 훨씬 단정하고 분명하다. 축약된 말은 자칫 무례하거나 건방지다는 느낌을 줄 수 있지만, 바른 말로 이루어진 완전한 문장은 말하는 이의 품격을 높여줄 뿐 아니라 원활한 의사소통에도 도움이 된다.

커뮤니케이션 스킬

1. 지시형 → 의뢰형 : 지시나 명령을 받으면 불쾌감이 생긴다. 결정권을 상대방에게 맡기는 것이 더 좋은 커뮤니케이션이 된다.

- ~하십시오. → ~해주시겠습니까?, ~해주시기 바랍니다.
- 잠시만 기다리세요. → 잠시만 기다려 주시겠습니까?
- 전화주세요. → 전화 주시겠습니까?

2. 부정형 → 긍정형 : 부정형의 답변으로 대화를 끝내는 것보다 긍정형으로 끝을 맺는다.

- 안 됩니다. → ~하면 가능합니다.
- 모릅니다. → 제가 알아봐 드리겠습니다.
- 못합니다. → 도와드릴 방법을 찾아보겠습니다.
- 통화 안 될까요? → 통화 가능할까요?
- 품절이라 없습니다. → 품절입니다만, 재고가 있는지 알아보겠습니다.

3. You message → I message : (일이 늦어지고 있는 상황에서) 나의 마음을 전달하는 커뮤니케이션 스킬

- 일하는 게 왜 그 모양이야? 꾸물거리기나 하고… (You message)
- 일이 늦어져서 걱정이네요. 퇴근 너무 늦지 않아요?(I message)

4. 쿠션화법 : 부탁이나 거절을 할 경우 상대방을 배려하여 언어와 언어 사이에 완충 역할을 해주는 쿠션언어를 사용한다.

거절의 쿠션언어	부탁의 쿠션언어	반론할 때의 쿠션언어	공감의 쿠션언어
• 대단히 죄송합니다만 • 도움이 못 되어 죄송합니다만 • 실례인 거 알지만 • 공교롭게도 • 기대에 부응하지 못해 죄송합니다. • 모처럼 청해 주셨는데 • 유감스럽지만 • 말씀은 정말 감사하지만	• 미안하지만 • 많이 바쁘신 줄 알지만 • 수고를 끼쳐드려 죄송합니다만 • 실례가 안 된다면 • 번거로우시겠지만 • 귀찮게 해드려 죄송합니다만 • 귀찮으시겠지만 • 어려우시겠지만	• 무슨 말씀인지는 알겠습니다만 • 확실히 맞는 말씀입니다만 • 말대답 같아 죄송합니다만 • 네 ~의미는 충분히 알겠습니다만	• 네~ • 정말요? • 굉장하네요! • 그래요? • 저런~ • 과연~ • 정말 그렇네요~ • 아이고~ • 그래서요? • 그렇구나.

출처: 한국검정평가원 코디네이터 수업 참고

설득력 있는 의사표현

인간은 다른 사람과의 관계 속에서 도움을 주기도 하고 받기도 하면서 살아가는 존재이다. 아무리 아는 것이 많고 실력이 뛰어난 사람이라도 모든 일을 스스로 해결할 수는 없다. 따라서 다른 사람의 도움을 얼마만큼 잘 받아낼 수 있느냐가 그 사람의 실력을 평가하는 잣대가 되기도 한다. 그런데 사람마다 각자 성격과 생각이 다르고 처한 입장이 다르기 때문에 다른 사람을 내 뜻대로 움직여서 내 사람으로 만드는 일이 결코 쉽지만은 않다.

이러한 설득의 기술은 어떤 특별한 이론이 필요한 것은 아니지만, 상황에 맞는 전략과 요령이 필요한 것은 분명한 사실이다. 주변 사람들이 자신을 따르게 하기 위해서는 지금과는 다른 새로운 설득 기술이 필요하다.

- 서로 이해할 수 있는 의사표현 방법이어야 한다.
- 좋은 말은 더 기분 좋게, 나쁜 말은 다툼이 생기지 않도록 부드럽게 처리해야 한다.
- 성의 있고 진실한 자세, 상대에 대한 세심한 관찰, 긍정과 공감이 바탕이 돼야 한다.

1. 'Yes'를 유도하여 설득 분위기를 미리 조성하라.
2. 대비 효과로 분발심을 불러일으켜라.
3. 침묵을 지키는 사람의 참여도를 높여라.
4. 여운을 남기는 말로 상대방의 감정을 누그러뜨려라.
5. 하던 말을 갑자기 멈춤으로써 상대방의 주의를 끌어라.
6. 호칭을 바꿔서 심리적 간격을 좁혀라.
7. 꼬집어 말하여 자존심을 건드려라.
8. 정보전달 공식을 이용하여 설득하라.
9. 상대방의 불평이 가져올 결과를 강조하라.
10. 권위 있는 사람의 말이나 작품을 인용하라.
11. 자신의 약점을 보여 주어 심리적 거리를 좁혀라.
12. 이상과 현실의 구체적 차이를 확인시켜라.
13. 자신의 잘못도 솔직하게 인정하라.

14. 집단의 요구를 거절하려면 개개인의 의견을 물어라.

15. 동조 심리를 이용하여 설득하라.

16. 지금까지의 노고를 치하한 뒤 새로운 요구를 하라.

17. 담당자가 대변자 역할을 하도록 하여 윗사람을 설득하게 하라.

18. 겉치레 양보로 기선을 제압하라.

19. 변명의 여지를 만들어 주고 설득하라.

20. 혼자 말하는 척하면서 상대의 잘못을 지적하라.

프레젠테이션 능력

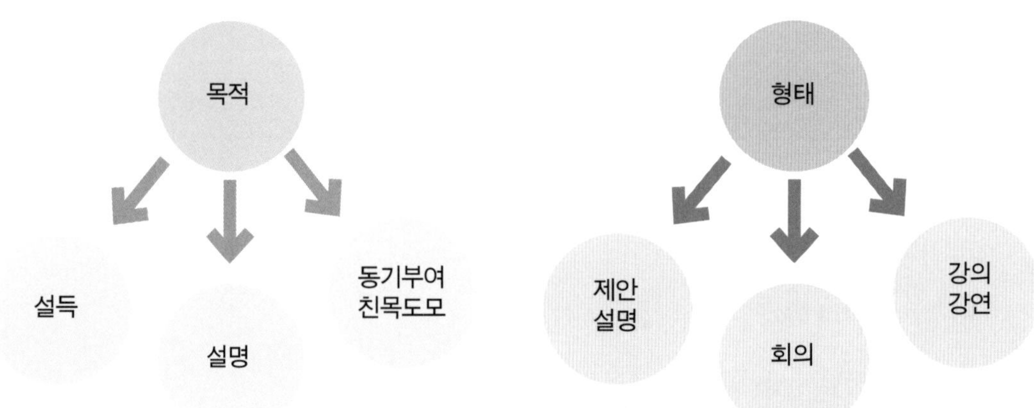

사례

S사 입사 3년차 K씨는 프레젠테이션에 자신이 없어 프레젠테이션 상황만 되면 겁에 질리고 만다. 실제로 팀별과제로 준비한 프레젠테이션 도중 심하게 떨기도 한다. K씨의 프레젠테이션 실패 사례를 분석한 결과 다음과 같은 이유가 있었다.
첫째, K씨는 스스로 '나는 자료를 멋있게 만드는 손재주가 없어서'라고 하는 자료 작성의 어려움을 토로하곤 했다. 이는 결국 글쓰기 능력이 부족함과 동시에 컴퓨터를 활용하는 능력에 한계를 드러낸 것이다.
둘째, '나는 목소리도 작고, 남들 앞에서는 떨려서 발표를 잘 못해요.'라고 말했는데 이는 프레젠터로서의 실전 경험 부족 때문이다.
셋째, '제가 잘 모르는 내용인데 어떻게 프레젠테이션을 하죠?'라고 말했는데 이는 업무와 발표 내용에 대한 준비가 부족했기 때문이다.
어떻게 하면 자신감이 넘치는 프레젠터가 될 수 있을까.

K씨의 프레젠테이션 상황을 읽고 여러 사람 앞에서 발표할 때 본인이 가지고 있는 장점과 단점은 무엇인지 점검해 보자.

영역	자신의 장점과 단점
자료 작성을 위한 글쓰기 능력	• •
발표 경험	• •
발표 주제에 대한 지식 및 이해 능력	• •

여러 사람 앞에서 발표할 때 자신이 가지고 있는 단점을 개선하기 위한 방법을 쓰시오.

영역	개선 방법
자료 작성을 위한 글쓰기 능력	• •
발표 경험	• •
발표 주제에 대한 지식 및 이해 능력	• •

발표 점검 사항

내용	전혀	가끔	거의	항상
1. 나는 프레젠테이션 상황에서 일방적인 전달자가 된다.	1	2	3	4
2. 나는 프레젠테이션 상황에서 시간 분배를 제대로 하지 못한다.	1	2	3	4
3. 나는 프레젠테이션 상황에서 설명이 정확하지 못하다.	1	2	3	4
4. 나는 프레젠테이션 상황에서 분위기를 딱딱하게 만든다.	1	2	3	4
5. 나는 프레젠테이션 상황에서 전문용어를 지나치게 쓴다.	1	2	3	4
6. 나는 프레젠테이션 상황에서 스크린만 쳐다본다.	1	2	3	4
7. 나는 프레젠테이션 상황에서 중얼거린다.	1	2	3	4
8. 나는 프레젠테이션 상황에서 목을 가다듬는 말(아~, 에~)을 많이 사용한다.	1	2	3	4
9. 나는 프레젠테이션 상황에서 종종 헤맨다.	1	2	3	4
10. 나는 프레젠테이션 상황에서 제스처를 안 쓴다.	1	2	3	4

프레젠테이션 점검 항목 점수를 합산해 보자.

- 30-40점 : 도움이 필요하다. 프레젠테이션 기술을 개발하기 위한 기법을 적극적으로 학습해야 한다.
- 20-29점 : 좋은 프레젠테이션이기는 하지만 앞으로 더 개선해야 한다.
- 10-19점 : 프레젠테이션을 효과적으로 하는 사람이다.

많은 사람들 앞에서 프레젠이션을 해본 경험이 있는가? 우리는 프레젠테이션을 통해 자신이 전달하고자 하는 내용을 효과적으로 전달하기 위해 노력한다. 하지만 발표 후에는 항상 부족함을 느끼고 있을 것이다. 이번 기회를 통해서 전달하고자 하는 내용을 효율적으로 발표할 수 있는 능력을 키워 보자. 지금까지 학습한 내용을 효율적으로 운영한다면 보다 훌륭한 발표가 가능할 것이라 생각한다.

프레젠테이션 CHECK!

단계	분석
사전 준비	① 청중의 요구 조사가 정확히 되었는가?
	② 청중의 질문에 대하여 순발력 있는 답변이 가능한가?
	③ 청중의 수준, 직급, 신분에 맞는 용어나 자료로 표현되는가?
	④ 리허설이 선행되어졌나?
	⑤ 발표자는 발표하는 내용에 대한 전문지식을 가지고 있는가?
	⑥ 적절한 발표 매체를 이용하고 있나?
발표자료	⑦ 발표자료에 자료 수집은 철저히 되어 있나?
	⑧ 발표자료가 서론, 본론, 결론 등 스토리보드 구성이 적절한가?
	⑨ 다양한 시청각 자료를 이용하는가?
	⑩ 객관적이고 구체적인 자료를 준비해서 발표하는가?
발표 기법	⑪ 적절한 유머를 사용하며 분위기를 좋게 유도하는가?
	⑫ 프리젠터의 의상, 태도는 양호한가?
	⑬ 프리젠터의 음량과 억양은 적절한가?
	⑭ 발표 시간은 잘 지켜졌는가?
	⑮ 프리젠터가 원고를 읽고만 있지는 않는가?
	⑯ 가벼운 시작으로 분위기를 유도해 가는가?
	⑰ 발표하고자 하는 핵심 주제는 잘 전달하고 있는가?
	⑱ 발표자와 청중이 컨센서스를 이루며 발표가 이루어졌는가?

1. 프레젠테이션의 개념

프레젠테이션이란? Present+Action으로 발표자가 청중에게 어떤 사실이나 정보, 의사 등을 전달하고자 하는 말하기이다.

- 일반 기업체나 단체 등에서 기획조사 보고서 등을 제출하고 설명하는 일
- 여러 사람 앞에서 특정 주제에 대해 자신의 의견이나 생각을 표현하는 의사소통의 수단

사례

나승연 & 프레젠테이션

스티브 잡스의 프레젠테이션

활동 1. 스티브 잡스의 명연설 감상하고 총평하기

2. 자신만의 발표 전략 작성하기

스티브 잡스의 명연설에 대한 총평 (기준 제시)	1. 복장 / 표정 / 목소리 / 말하는 속도 / 몸짓 등은 자연스러운가? (　　　　　　　　　　　　　　) 2. 내용 구성이 좋다고 느끼는 이유는? (　　　　　　　　　　　　　　) 3. 전달력이 좋은 이유는? (　　　　　　　　　　　　　　) 총평 :

자신만의 발표 전략 작성	스티브 잡스의 발표를 평가하거나 나승연 씨의 이야기를 듣고 나면 자신의 발표를 되돌아볼 수 있을 것이다. '나는 발표 내용을 진심으로 전달하려고 했는가?', ''나는 발표 연습을 충분히 했는가', 나는 연단공포증에 억눌려서 발표 자체를 두려워하고 그저 피하려고 하는 것은 아닌가?' 등등 해결해야 할 과제들이 보일 수 있다. 작성 :

2. 발표자료 만드는 방법

(1) 사전 준비

- 어떠한 내용을 전달할 것인가?
- 프레젠테이션의 목적은 무엇인가?
- 발표를 듣는 사람은 누구인가?

(2) 내용 구성

본문 내용은 서론(발표자, 목차, 발표의 목적), 본론, 결론의 3단계로 구성한다.

- 제목, 목차, 발표 목적 등을 각 페이지별로 구성한다
- 본론은 목차에 맞게 구성한다.
- 결론은 가능한 한 장으로 구성하여 발표한다.
- 마지막 인사말로 발표를 정리한다

(3) 프레젠테이션 슬라이더 작성 요령

- 헤드라인을 설정한다.
- 전달하고자 하는 내용을 최대한 짧고 간단히 기술한다.
- 정보를 전달할 때는 정확한 수치 혹은 증명할 수 있는 사실만 기술한다.
- 정보를 전달할 때는 가능한 도표 혹은 그래프를 이용한다.
- 그래프는 최대한 단순하게 작성한다.
- 글자 크기는 보는 사람이 읽기 쉽게 작성한다.
- 청중의 눈높이에 맞추어 스토리를 구성한다.

3. 발표자료 점검

① 청중의 요구 조사가 정확히 되었는가?

② 청중의 질문에 대하여 순발력 있는 답변이 가능한가?

③ 청중의 수준, 직급, 신분에 맞는 용어나 자료로 표현되었는가?

④ 리허설이 선행되었나?

⑤ 발표자는 발표하는 내용에 대한 전문지식을 가지고 있는가?

⑥ 적절한 발표 매체를 이용하고 있나?

⑦ 발표자료에 자료 수집은 잘 반영되어 있나?

⑧ 발표자료가 서론, 본론, 결론 등 스토리보드 구성이 적절한가?

⑨ 다양한 시청각 자료를 이용하는가?

⑩ 객관적이고 구체적인 자료를 준비해서 발표하는가?

활동 발표하기

주제 : 교내 독서대회 출품 작품에 대한 프레젠테이션

(3가지 키워드 제시/작품의 의도 및 내용/작품과정/작품의 창의성, 우수성 제시)

제한시간 : 3분

준비물 : ppt원고 등 발표자료

단원 마무리

학습 마무리 체크

- [ ] 1. 연단공포증은 극소수의 사람이 가지고 있는 심리적 문제이다. (O, X)
- [ ] 2. 상대의 요구를 거절할 때는 최대한 부드럽게 우회적으로 설명한다. (O, X)
- [ ] 3. 유머는 모든 의사표현 상황에 긍정적으로 작용한다. (O, X)
- [ ] 4. 프레젠테이션을 작성할 때는 최대한 자세하게 기술한다. (O, X)
- [ ] 5. 다양한 시청각 자료가 필수적이다. (O, X)

의사표현능력에 대해 새롭게 알게 된 사실이나 수업 내용을 정리해 보자.

기출문제

1. 다음 (A), (B), (C) 에 들어갈 적절한 용어를 적으시오.

의사표현의 종류는 상황이나 사태와 관련하여 (A), (B), (C)로 구분하며, 구체적으로 대화, 토론, 보고, 연설, 인터뷰, 낭독, 구연, 소개하기, 전화로 말하기, 안내하기 등이 있다.

(A)	(B)	(C)

2. 다음이 설명하는 현상은 무엇인가?

"요령 있는 화자는 청중을 무시하지 않으면서도, 그들을 호박으로 볼 수 있는 자이다." 라는 말이 있듯이 90퍼센트 이상의 사람들이 연단에만 오르면 긴장하고, 당황하는 현상을 무엇이라고 하는가?

(   )

3. 의사표현에 대한 설명으로 적절한 것을 고르시오.

① 의사표현에는 음성언어와 신체언어가 있다.

② 표정, 손짓, 발짓 등 몸말은 의사표현에 해당하지 않는다.

③ 의사표현의 종류에는 공식적 말하기와 비공식적 말하기가 있다.

④ 의사표현은 주로 친근한 사람들 사이에서만 가능하다.

4. 상황에 따른 의사표현법 중 적절하지 않은 것을 고르시오.

① 상대방의 잘못을 지적할 때 - 상대방이 알 수 있도록 확실하게 지적한다.

② 상대방을 칭찬할 때 - 자칫 잘못하면 아부로 느껴질 수 있으므로 유의한다.

③ 명령해야 할 때 – 다소 강압적으로 말하는 것이 효과적이다.

④ 설득해야 할 때 - '밀어붙이기 식' 대화는 금물이다.

5. 논리적이고 설득력 있는 의사표현 지침으로 적절하지 않은 것을 고르시오.

① 'Yes'를 유도하여 설득의 분위기를 조성한다.

② 침묵을 지키는 사람의 참여도를 높인다.

③ 자신의 잘못도 솔직하게 인정한다.

④ 권위 있는 사람의 말이나 작품을 인용하는 것은 자칫 반감을 불러일으킬 수 있다.

6. 원활한 의사표현을 위한 지침 중 두 가지를 간략히 설명하시오.

①

②

PART

7

경청능력

학습 목표

1. 경청의 개념과 중요성을 설명할 수 있다.
2. 올바른 경청의 방해 요인을 설명할 수 있다.
3. 효과적인 경청 방법을 설명할 수 있다.
4. 경청 훈련 방법을 설명할 수 있다.
5. 공감능력을 키우는 방법을 익혀 적용할 수 있다.

사전 체크리스트

- ☐ 1. 나는 '경청'의 자세를 갖추고 있다고 생각한다. (O, X)
- ☐ 2. 나는 상대의 말을 '집중'하며 듣는다. (O, X)
- ☐ 3. 경청이란 상대의 말을 모두 기억하는 것이다. (O, X)
- ☐ 4. 상대의 말에 적극적으로 '피드백'한다. (O, X)
- ☐ 5. 나는 공감능력이 뛰어나다. (O, X)

3분 글쓰기

BRAINSTORMING

경청 또는 경청능력에 대한 자신의 생각을 3분 동안 쉬지 않고 떠오르는 대로 써 보자. 체계를 갖추지 않고 자유롭게 써도 된다.

경청의 개념

경청능력은 다른 사람의 말을 주의 깊게 들으며 공감하는 능력이다. 직장인들이 개인이나 조직 간에 원만하게 관계를 유지하고 업무 성과를 높이기 위해서는 적절하게 의사소통할 수 있는 능력이 필수적이다. 특히, 의사소통을 하기 위해서는 다른 사람의 말을 주의 깊게 들으며 공감할 수 있는 능력을 갖추는 것이 우선시되어야 할 것이다.

내용	전혀	가끔	거의	항상
1. 나는 화자를 방해하지 않고 자신의 생각을 표현한다.	1	2	3	4
2. 나는 상대방이 말하는 모든 것을 듣기를 원한다.	1	2	3	4
3. 나는 중요한 사실을 기억하는 능력을 가지고 있다.	1	2	3	4
4. 나는 메시지의 가장 중요한 세부사항을 기록한다.	1	2	3	4
5. 나는 비록 따분하기는 하지만 화자의 말을 듣는다.	1	2	3	4
6. 나는 듣고 있을 때는 주위의 산만한 분위기를 무시한다.	1	2	3	4
7. 나는 화자의 말을 진심으로 듣고 있음을 표현한다.	1	2	3	4
8. 나는 다른 사람의 말에 동의하지 않더라도 들어준다.	1	2	3	4
9. 나는 화자의 다음 말을 예측하면서 공상을 피한다.	1	2	3	4
10. 나는 경청의 중요성을 충분히 인지하고 있다.	1	2	3	4

경청능력 점검 항목 점수를 합산해 보자.

- 30-40점 : 상대방의 말을 효과적으로 듣는 사람이다.
- 20-29점 : 좋은 청취자이기는 하지만 앞으로 더 개선할 점이 있다.
- 10-19점 : 개선이 필요하다. 경청 기술을 개발하기 위한 기법을 적극적으로 학습해야 한다.

1. 경청이란?

경청이란 다른 사람의 말을 주의 깊게 들으며 공감하는 능력이다. 경청은 대화의 과정에서 신뢰를 쌓을 수 있는 최고의 방법이다. 우리가 경청하면 상대는 안도감을 느끼고, 무의식적인 믿음을 갖게 된다. 그리고 반대로 당신이 말을 할 때 상대는 자신도 모르게 더 집중하게 된다. 이런 심리적 효과로 인해 우리의 말과 메시지, 감정은 더욱 효과적으로 상대에게 전달된다. 우리가 경청하는 만큼 상대방은 우리의 말을 경청할 수밖에 없는 것이다. 자기 말을 경청해주는 사람을 싫어하는 사람은 세상에 존재하지 않기 때문이다.

2. 경청의 중요성

의사소통은 내가 상대방에게 메시지를 전달하는 과정이 아니라 상대방과의 상호작용을 통해 메시지를 다루는 과정이다. 따라서 성공적인 의사소통을 위해서는 내가 가진 정보를 상대가 이해하기 쉽게 표현하는 것도 중요하지만, 상대가 어떻게 받아들일 것인가에 대한 고려가 바탕이 되어야 한다. 즉, 의사소통의 기본적인 자세는 경청하는 일이다.

우리는 경청을 함으로써 상대방을 한 개인으로 존중하게 된다. 이는 상대방을 인간적으로 존중함은 물론 그의 감정, 사고, 행동을 평가하거나 비판 또는 판단하지 않고 있는 그대로 받아들이는 태도이다.

경청을 함으로써 상대방을 성실한 마음으로 대하게 된다. 이는 상대방과의 관계에서 느낀 감정과 생각 등을 긍정적이든 부정적이든 솔직하고 성실하게 표현하는 태도를 말한다. 이러한 감정의 표현은 상대방과의 솔직한 의사 및 감정의 교류를 가능하도록 돕기 때문이다.

경청을 함으로써 상대방의 입장에 공감하며 이해하게 된다. 이는 자신의 생각이나 느낌, 가치, 도덕관 등의 선입견이나 편견을 가지고 상대방을 이해하려 하지 않고, 상대방으로 하여금 자신이 이해받고 있다는 느낌을 갖도록 하는 것이다.

3. 경청의 방법

① 혼자서 대화를 독점하지 않는다.

② 상대방의 말을 가로채지 않는다.

③ 이야기를 가로막지 않는다.

④ 의견이 다르더라도 일단 수용한다.

⑤ 말하는 순서를 지킨다.

⑥ 논쟁에서는 먼저 상대방의 주장을 들어준다.

⑦ 시선(Eye-Contact)을 맞춘다.

⑧ 귀로만 듣지 않고 오감을 동원해 적극적으로 경청한다.

올바른 경청의 방해 요인

올바른 경청을 하는 데 있어서 방해가 되는 것은 무엇인지 10가지 나쁜 습관을 제시하고자 한다.

(1) 짐작하기

상대방의 말을 듣고 받아들이기보다 자신의 생각에 들어맞는 단서들을 찾아 자신의 생각을 확인하는 것을 말한다. 짐작하고 넘겨 짚으려 하는 사람들은 상대방의 목소리 톤이나 얼굴 표정, 자세 등을 지나치게 중요하게 생각한다. 이들은 상대방이 하는 말의 내용은 무시하고, 자신의 생각이 옳다는 것만 확인하려 한다.

(2) 대답할 말 준비하기

상대방의 말을 듣고 곧 자신이 다음에 할 말을 생각하는 데 집중해 상대방이 말하는 것을 잘 듣지 않는 것을 말한다. 결국 자기 생각에 빠져서 상대방의 말에 제대로 반응할 수가 없게 된다.

(3) 걸러내기

상대의 말을 듣기는 하지만 상대방의 메시지를 온전하게 듣는 것이 아닌 경우이다. 상대방이 분노나 슬픔, 불안에 대해 말하는 것을 들어도 그러한 감정을 인정하고 싶지 않다거나 회피하고 싶다거나 무시하고 싶을 때 자기도 모르는 사이에 상대방이 아무 문제도 없다고 생각해 버린다. 걸러내기는 듣고 싶지 않는 것들을 막아 버리는 것을 말한다.

(4) 판단하기

상대방에 대한 부정적인 판단 때문에 또는 상대방을 비판하기 위해 상대방의 말을 듣지 않는 것을 말한다. 당신이 상대방을 어리석다거나 고집이 세다거나 이기적이라고 생각한다면, 당신은 경청하기를 그만두거나 듣는다고 해도 상대방이 이렇다는 증거를 찾기 위해서만 귀를 기울일 것이다.

(5) 다른 생각하기

상대방에게 관심을 기울이는 것이 점차 더 힘들어지고 상대방이 말을 할 때 자꾸 다른 생각을 하게 된다면, 이는 불만족스러운 현실의 이러한 상황을 회피하고 있다는 위험한 신호이다.

(6) 조언하기

어떤 사람들은 지나치게 다른 사람의 문제를 본인이 해결해 주고자 한다. 당신이 말끝마다 조언하려고 끼어들면 상대방은 제대로 말을 끝맺을 수 없다. 올바른 해결책을 찾고 모든 것을 제대로 고치려는 당신의 욕구 때문에 마음을 털어놓고 이야기하고 싶은 상대방의 소박한 바람이 좌절되고 만다. 이야기를 들어주기만 해도 상대방은 스스로 자기의 생각을 명료화하고 그 사이에 해결책이 저절로 떠오르게 된다.

(7) 언쟁하기

언쟁은 단지 논쟁하기 위해서만 상대방의 말에 귀를 기울이는 것이다. 상대방이 무슨 말을 하든 자신의 입장을 확고히 한 채 방어한다. 언쟁은 상호 문제가 있는 관계에서 드러나는 전형적인 의사소통 패턴이다. 이런 관계에서는 상대방의 생각을 전혀 들을 생각이 없기 때문에 어떤 이야기를 해도 듣지 않게 된다. 상대방이 무슨 주제를 꺼내든지 설명하는 것을 무시하고 상대방의 생각과는 다른 자신의 생각을 장황하게 자기 논리대로 늘어놓는다. 지나치게 논쟁적인 사람은 상대방의 말을 경청할 수 없다.

(8) 자존심 세우기

자존심이 강한 사람은 자존심에 관한 것을 전부 막아 버리려 하기 때문에 자신의 부족한 점에 대한 상대방의 말을 들을 수 없게 된다. 이들은 자신이 잘못했다는 말을 받아들이지 않기 위해 거짓말을 하고, 고함을 지르고, 주제를 바꾸고, 변명을 하게 된다.

(9) 슬쩍 넘어가기

대화가 너무 사적이거나 위협적이면 주제를 바꾸거나 농담으로 넘기려 한다. 문제를 회피하려 하거나 상대방의 부정적 감정을 회피하기 위해 유머를 사용하거나 핀트를 잘못 맞추게 되면 상대방의 진정한 고민을 놓치게 된다.

(10) 비위 맞추기

상대방을 위로하기 위해서 혹은 비위를 맞추기 위해서 너무 빨리 동의하는 것을 말한다. 그 의도는 좋지만 상대방이 걱정이나 불안을 말하자마자 "그래요, 당신 말이 맞아요.","미안해, 앞으로는 안 할 거야."라고 말하면 지지하고 동의하는 데 너무 치중함으로써 상대방에게 자신의 생각이나 감정을 충분히 표현할 시간을 주지 못하게 된다.

효과적인 경청 방법

사례 불친절한 말투에 고객의 말 자르기까지?

고객의 항의에 일단 앵무새처럼 미안하다고 반복한다? 전화 상담원이 할 수 있는 말은 그리 많지 않다. 불만을 처리할 때에는 상담원이 처리할 수 있는 부분에 명확한 한계가 있기 때문이다. 할 말이 없다고 해서 미안하다는 말만 계속하는 것은 고객에게 더욱 무책임하게 들린다. 고객의 말을 자르는 것은 절대 금물이다.

고객의 문제를 파악했다고 해서 중간에 말을 잘라서는 안 된다. 특히 말을 자르고 앞질러 해결책을 제시했는데, 이게 엉뚱한 방안일 수가 있다. 예를 들어, 단순 문의를 하려고 전화한 고객에게 '불만 있으면 처리해주겠다.'는 식으로 응대해서 일을 그르치는 사례가 종종 발생한다. 이 상황에서는 '공감적 경청'이 가장 중요하다.

"아, 그러셨군요. 불편하셨겠네요."의 고객의 감정에 동의하는 말 등을 가끔씩 덧붙여 주어야 전화를 하는 고객이 안심할 수 있다는 것이다. 또 불만사항은 미안하다고 한 후에, 정책에 반영하여 시정할 수 있도록 하겠다는 식의 처방을 제시하는 것이 좋다. 보이지 않는 고객에게도 최대한 호응하는 태도를 보이고, 말로만이 아니라 그 의견을 진심으로 반영하겠다는 신뢰를 보여주는 것이 무엇보다 중요하다.

1. 적극적인 경청

적극적 경청의 태도에는 상대가 무엇을 느끼고 있는가를 상대의 입장에서 받아들이는 공감적 이해가 중요하고, 자신이 가지고 있는 고정관념을 버리고 상대의 태도를 받아들이는 수용의 정신, 자신의 감정을 솔직하게 전하고 상대를 속이지 않는 성실한 태도가 필수적이다.

적극적인 경청을 위해서는 아래의 태도를 견지해야 한다.

① 비판적 · 충고적인 태도를 버린다.

② 상대방이 말하는 의미를 이해한다.

③ 단어 이외의 보여지는 표현에도 신경 쓴다.

④ 상대방이 말하는 동안 경청하고 있다는 것을 표현한다.

⑤ 대화 시 흥분하지 않는다.

적극적인 경청은 의사소통에 있어서 기본이 되는 태도이므로 대인능력 향상 프로그램으로 채택되는 일이 많다.

2. 좋은 경청(경청의 마음가짐)

경청에는 '듣다, 관찰하다, 초점을 맞추다. 집중하다, 주의하다. 귀를 기울이다'와 같은 단어들이 포함된다. 즉, 경청을 잘한다는 것은 단순히 잘 듣는(Hearing) 것만이 아닌 말하는 사람의 생각을 듣는 사람이 잘 이해하고 있다는 의미이다.

사람들은 읽기를 할 때 읽은 내용을 이해하기 위해서 필요한 만큼 몇 번이고 단어들을 반복하게 된다. 그러나 듣기를 할 때는 들은 내용을 이해하기 위해 다시 들을 수 없다. 그러므로 효율적으로 들어야 하는데 이것은 적극적인 수행을 요구한다.

경청을 하는 사람은 화자에게 듣기를 원해야 하고, 화자가 발표하는 내용은 경청자에게 중요한 지식이라고 믿어야 한다. 즉, 경청자는 화자가 발표하는 것에 항상 동의하는 것은 아니지만 충분히 이해하기 위해 항상 마음을 열어두고 있어야 한다.

좋은 경청은 화자와 상호작용하고, 말한 내용에 관해 생각하고, 무엇을 말할지 기대하는 것을 의미하기 때문에 경청자는 자신이 들은 내용을 정신적으로 요약해야 한다. 그러므로 좋은 경청자가 되기를 원한다면 화자에게 집중할 수 있는 자기 트레이닝이 필요하다.

3. 효과적인 경청 방법

상대방과 의사소통을 하거나 많은 사람 앞에서 프레젠테이션을 할 때 이용할 수 있는 정보를 가지기 위해서 많은 내용을 듣고 이해하는 것은 중요한 것이다. 다음에 소개하는 기법은 적극적인 경청자가 되기 위해서 필요한 것들이다.

(1) 준비한다.

수업 시간이나 강연에 참가하면 수업 계획서나 강의 계획서를 나누어 준다. 이때 올바른 경청을 하려면 강의 주제나 강의에 등장하는 용어에 친숙하도록 하기 위해 미리 읽어 두어야 한다.

(2) 주의 집중한다.

말하는 사람의 모든 것에 집중해서 적극적으로 들어야 한다. 말하는 사람의 속도와 말을 이해하는 속도 사이에 발생하는 간격을 메우는 방법을 학습해야 한다.

(3) 예측한다.

대화를 하는 동안 시간 간격이 있으면 다음에 무엇을 말할 것인가를 추측하려고 노력한다. 이러한 추측은 주의를 집중하여 듣는 데 도움이 된다.

(4) 나와 관련 짓는다.

상대방이 전달하려는 메시지가 무엇인가를 생각해 보고, 자신의 삶, 목적, 경험과 관련지어 본다. 자신의 관심이라는 측면에서 메시지를 이해하면 주의를 집중하는 데 도움이 될 것이다.

(5) 질문한다.

질문에 대한 답이 즉각적으로 이루어질 수 없다고 하더라도 질문을 하려고 하면 경청하는 데 적극적이 되고 집중력이 높아진다.

(6) 요약한다.

대화 도중에 주기적으로 대화의 내용을 요약하면 상대방이 전달하려는 메시지를 이해하고, 사상과 정보를 예측하는 데 도움이 된다.

(7) 반응한다.

피드백은 상대방이 말한 것에 대해 당신이 이야기하고, 질문을 던져 이해를 명료화하고 난 다음에 하는 것이다. 피드백은 상대방에 대한 당신의 지각이 옳았는지 확인할 수 있는 기회로서 오해가 있었다면 고칠 수 있도록 해 준다. 또한 당신이 하는 피드백은 상대방에게 자신이 정확하게 의사소통을 하였는가에 대한 정보를 제공할 뿐만 아니라, 상대방이 당신의 관점을 받아들일 수 있도록 해 준다.

반응을 하는 데는 세 가지 규칙이 있는데, 피드백의 효과를 극대화시키려면 즉각적이고, 정직하고, 지지하는 자세여야 한다. 즉각적이라 함은 시간을 낭비하지 않는 것이다. 다시 말하기를 통해 상대방의 말을 이해했다고 생각하자마자 명료화하고, 바로 당신의 피드백을 주는 것이 좋다. 시간이 갈수록 영향력은 줄어든다. 정직함은 당신이 느끼는 진정한 반응뿐만 아니라 조정하고자 하는 마음 또는 보이고 싶지 않은 부정적인 느낌까지 보여 주어야 함을 의미한다. 지지함은 당신이 정직하다고 해서 잔인해서는 안 된다는 것이다. 부정적인 의견을 표현할 때도 상대방의 자존심을 상하게 하거나 약점을 이용하거나 위협적인 표현 방법을 택하는 대신에 부드럽게 표현하는 방법을 발견할 필요가 있다. 이러한 쌍방적 의사소통은 말하는 사람에게 중요한 피드백이 되고, 듣는 사람 역시 좋은 듣기 기술을 연습하는 데 도움이 된다.

4. 경청의 올바른 자세

① 상대를 정면으로 마주하는 자세는 그와 함께 의논할 준비가 되었음을 알리는 자세이다.

② 손이나 다리를 꼬지 않는 소위 개방적 자세를 취하는 것은 상대에게 마음을 열어 놓고 있다는 표시이다.

③ 상대방을 향하여 상체를 기울여 다가앉은 자세는 자신이 열심히 듣고 있다는 사실을 강조하는 것이다.

④ 우호적인 눈의 접촉을 통해 자신이 관심을 가지고 있다는 사실을 알리는 것이다.

⑤ 비교적 편안한 자세를 취하는 것은 전문가다운 자신만만함과 아울러 편안한 마음을 상대방에서 전하는 것이다.

경청 훈련

자신이 이야기를 진지하게 들어주는 사람이 있다는 것은 고맙고 기쁜 일인 만큼 상대방에게 호감을 얻기 위한 첫째 조건으로 좋은 청자가 되는 것을 들 수 있다. 그리고 좋은 청자가 되기 위해서는 마음이 편안한 상태로 듣는다거나 듣고 있다는 것을 맞장구로 표현하여 상대가 알도록 한다거나 질문을 활용하는 등으로 평소에 경청 훈련을 해 두어야 한다.

대화법을 통한 경청 훈련을 통해서 습득한 대화법은 부모-자녀 관계, 직장 동료와의 대화 등 모든 인간관계에서 그대로 적용될 수 있다.

(1) 주의 기울이기(바라보기, 듣기, 따라 하기)

말하는 상대방을 바라보거나 듣거나 따라 한다. 상대방의 이야기에 주의를 기울일 때는 몸과 마음을 다하여 들을 수 있어야만 자신의 관심을 상대방에게 충분히 보여주는 것이 된다.

(2) 상대방의 경험을 인정하고 더 많은 정보 요청하기

다른 사람의 메시지를 인정하는 것은 당신이 그와 함께하며 그가 인도하는 방향으로 따라가고 있다는 것을 언어적·비언어적인 표현을 통하여 상대방에게 알려주는 반응이다.

(3) 정확성을 위해 요약하기

요약하는 기술은 상대방에 대한 자신의 이해의 정확성을 확인하는 데 도움이 될 뿐만 아니라 자신과 상대방을 서로 알게 하며, 자신과 상대방의 메시지를 공유할 수 있도록 한다.

(4) 개방적인 질문하기

개방적인 질문은 보통 "누가, 무엇을 어디에서, 언제 또는 어떻게"라는 어휘로 시작된다. 이는 단답형의 대답이나 반응보다 상대방의 보다 다양한 생각을 이해하고, 상대방으로부터 보다 많은 정보를 얻기 위한 방법으로서 이로 인하여 서로에 대한 이해의 정도를 높이기 위해서다.

(5) '왜?'라는 질문 피하기

'왜?'라는 질문은 보통 진술을 가장한 부정적, 추궁적, 강압적인 표현이므로 사용하지 않는 것이 좋다.

공감 훈련

공감이란 상대방의 느낌을 함께 느끼는 것을 말한다. 즉, 상대방이 경험하는 기쁨과 슬픔, 좌절, 분노, 불안, 혼돈의 감정을 마치 나의 감정인 것처럼 느끼는 것이다. 그러나 상대방의 감정을 자신의 것으로 느끼면서도 자신의 감정과 관련시켜 혼돈하지 말아야 공감적 이해가 가능하다.

1. 공감의 정의

사전적 의미 : 남의 감정, 의견, 주장 따위에 자기도 그렇다고 느끼는 기분

① 이해(Understanding) : 공감은 이해하는 것

② 감정(Feeling) : 공감은 감정을 느끼는 것

③ 공유(Sharing) : 공감은 경험을 공유하는 것

④ 피아(彼我) 구분(Self-other differentiation) : 공감은 피아를 구분하는 것

다른 사람의 경험과 나의 경험 사이에는 분명한 차이가 있다는 것을 인지하는 것이 공감의 또 다른 특성이다. 즉, 공감이란 다른 사람의 감정과 생각을 이해하고 그와 비슷한 감정을 느끼면서 적절하게 반응하되, 동시에 그의 경험과 나의 경험이 동일하지 않다는 점을 인지하는 과정이다.

2. 공감의 수준

공감에도 수준이 있다. 공감의 수준을 보다 세분화하면 다음과 같다.

- 비공감 : 상대방에게 주의를 기울이지 않아 표현된 감정을 완전히 무시하는 수준이다.
- 기계적 반응 : 상대방이 표현한 감정에 반응은 하지만 중요한 점을 빼고 말한다.

- 기본적 공감 : 상대방이 표현한 감정, 정서와 같은 의미의 의사소통을 한다.
- 심화된 공감 : 상대방이 표현한 것보다 더 내면적인 감정 표현을 인식하고 의사소통한다.
- 가장 높은 수준의 공감 : 상대방이 표현하려 한 내면의 의미를 정확히 알고, 상대방의 성장동기를 파악하고 표현한다.

예) "저 선배는 자꾸 나한테만 이것저것 시켜."

- 비공감 : 후배가 선배 말 좀 들으면 어디가 덧나니?
- 기계적 반응 : 네가 만만한 후배라서 그런가 보네.
- 기본적 공감 : 다른 후배들은 놔두고 너한테만 일을 시켜서 네가 힘들고 속상하겠다.
- 심화된 공감: 너도 할 일이 많아 바쁜데 자꾸 너한테만 일을 시키니 거절하기도 어렵고 곤란하겠네.
- 가장 높은 수준의 공감 : 너도 그 선배가 시키는 일을 기분 좋게 하고 싶지만 너무 많은 일을 시켜서 부담이 되고, 적당히 거절하지 못한 네 모습에 화가 나 있구나.

3. 공감의 정도

공감하는 상황과 정도는 다를 수 있다. 다음의 ①번일 수도 있고 ②번일 수도 있다.

① 공감능력은 기본적인 정도면 된다?
② 풍부한 공감능력이 필요하다?

가령 영화를 보고 난 감동이나 단풍을 음미하는 정도도 사람마다 다르다. "참 좋다!"로 충분히 자신의 감흥을 표현했다고 생각하는 사람이 있는가 하면 좀더 세세하게 진심을 담아서 표현하는 사람도 있다. 공감능력도 마찬가지다. 자신은 공감능력을 충분히 갖추었다고 생각하면서도 다른 사람의 고민이나 어려움에 대해서 '자업자득'이라고 판단하여 공감하기보다는 냉랭한 반응을 보이기도 한다. 나와 상관없는 다른 사람의 일이라고 치부한다면 따뜻한 공감을 전달하기는 어렵다.

활동 영상 속의 청년에 대해 느낀 점을 자유롭게 작성해 보자.

4. 공감능력이 꼭 필요한 이유는?

우리는 일상생활에서 타인의 기대와 욕구에 끊임없이 나를 맞춰가는 삶을 살아가고 있다. 학교에서 정해진 커리큘럼을 따라가는 착실한 학생으로, 직장에서는 회사가 바라는 인간상으로 살아가도록 요구받는다. 여기에 잘 따르면 우리 사회에서 인정받는 사람이 된다.

이러한 분위기에 반발심이 생기면 자신의 삶은 없는 것처럼 느끼게 되고, 심하면 우울증, 공황장애, 분노, 폭력 같은 극단적인 모습으로 나타난다. 이러한 행위가 일어나기 전에 자기 자신의 존재에 대한 믿음(나는 꼭 이 세상에 존재하는 것이 마땅한 사람이라고 느끼는 마음)을 갖게 되면 그 사람은 안정감을 찾고 심리적인 공황상태를 벗어날 수 있다.

공감이란 이렇게 자신의 존재에 대한 믿음을 주는 행위이다. 자신의 감정이 다른 사람에게 거부되지 않고 공감받는다면 그 사람은 더할 나위 없는 안정감을 얻게 되므로 공감이 중요하다.

5. 공감은 나에게 무엇을 주는가?

공감은 남을 위한 행동인 것처럼 느껴진다. '왜 나만 공감해줘야 하나? 나도 공감받고 싶은데…' 가끔은 억울한 생각도 든다. 그럼 공감은 정말 내가 손해 보는 행동일까? 그렇지 않다. 공감은 나의 생존을 위해서 필수적인 것이고 나에게 번영을 가져다주는 것이다. 공감능력이 현저하게 낮다는 것은 사회에서 정상적인 기능을 하며 살아남을 가능성, 즉 생존 가능성이 희박하다는 것을 의미한다. 공감능력이 뛰어난 사람은 조직에서 리더십을 인정받는다. 공감능력은 내가 다른 사람들과 더불어 생존할 수 있도록 도와주고, 생존을 넘어 성장하고 성취할 수 있도록 독려하고, 공동체를 위한 더 좋은 세상을 꿈꾸고 실현할 수 있도록 힘을 준다. 우리는 이타적인 행동을 할 때 긍정적인 정서를 느낀다.

6. 공감 연습

출처 : 김환, 『모두가 행복해지는 공감연습』, 소울메이트, 2011

(1) 가정에서부터 연습하라.

위로가 필요하다.

(예시1) 부부의 대화

아내 : 우리 팀에 한 명이 너무 마음에 안 든다. 그 친구 때문에 팀 전체가 욕을 먹었어.

남편 : **원래 팀은 공동으로 책임지는 거야. 그렇게 생각하면 안 되지.** (충고)

아내 : 지금 나를 가르치려는 거야?

↓

아내 : 우리 팀에 한 명이 너무 마음에 안 든다. 그 친구 때문에 팀 전체가 욕을 먹었어.

남편 : **무슨 일이 있었는데?** (공감)

아내 : 아이디어를 모아 기획안을 만들어 놓았는데 늦게 제출했지 뭐야.

남편 : 아이고, 다 완성해 놓고도 제출이 늦었구나. 속상하겠다.

(2) 친구와 동료사이에서도 연습하라.

설명도 심리적 안정을 주거나 위로를 줄 수 있다.

(예시2) 동료의 대화

동료 : 부장님은 나를 싫어하시나 봐. 나를 보면 늘 무뚝뚝한 표정으로 노려보지 뭐니.

나 : **어머, 얘, 부장님은 원래 표정이 그래. 누구한테나 다 그런 걸.** (설명)

↓

동료 : 부장님은 나를 싫어하시나 봐. 나를 보면 늘 무뚝뚝한 표정으로 노려보지 뭐니.

나 : ________그런데 부장님은 원래 표정이 그래. 누구한테나 다 그런 걸.

(3) 공감한 바를 명료하게 전달하라.

"너의 마음을 알아."처럼 두루뭉술하게 말하는 것보다 명확하게 말하라!

"~ 때문에 ~를 느끼시는군요." → 혼자만 그런 대접을 받았다니 정말 억울했겠군요.

"~했다니 ~ 하겠네요." → 동생의 부탁은 들어주면서 네 부탁은 안 들어주니 엄마가 미웠겠구나.

"~하게 느끼는 것이군요." → 이번만큼은 정말 잘하고 싶었는데 또 실패를 해서 실망이 크겠군요.

활동 돌아가며 역할해 보기

한 사람은 말하는 사람 / 한 사람은 들어 주는 사람 / 한 사람은 관찰자의 역할을 맡는다.

이 세 역할을 한 번씩 돌아가게 한다. 따라서 한 사람이 세 가지 역할을 다 하게 된다.

7. 공감을 잘하는 방법

(1) 경청하라.

눈빛의 교환이 중요하다.

(2) 침묵에 편안해지면 더 잘 공감할 수 있다.

(3) 대화에 드러나지 않는 표현을 놓치지 마라.

법정 스님은 의사소통이 잘 안 되는 것은 서로가 말 뒤에 숨은 뜻을 모르기 때문이라고 했다. 엄마들이 아기의 서투른 말을 이내 알아들을 수 있는 것은 말소리보다 뜻에 귀를 기울이기 때문이다.

(4) 무엇보다 상대방의 내적 성장동기에 주목하라.

직 원 : 우리 사장님은 일단 저에게 일을 맡겼는데도 수시로 간섭하고, 중간에 이랬다저랬다 해서 도대체 무슨 일을 시작하고 싶지가 않아요.

→ 성장동기 : 소신껏 해보고 싶다. 믿고 맡기면 창의적으로 할 수 있다.

매니저 : 소신껏 해보고 싶은데 기회를 주지 않아서 속상하겠구나.

직 원 : 네, 맞아요. 믿고 맡겨주시면 좀더 창의적으로 할 수 있을 텐데…

매니저 : 그래, 그렇겠지. 그런데 일단 네가 사장님 방식에 먼저 맞춰보면 어떨까? 사장님이 너를 신뢰하시면 그 다음에는 좀더 많은 재량권을 주실 거야.

(5) 더 자세히 말해 달라고 요청하라.

활동 고민상담자에 대한 공감과 조언을 작성해 보자.

나는 술을 좋아해서 자주 마시러 갑니다. 다만 스스로 생각해도 마시는 속도가 빠른지 금세 많이 마시게 되고 만취해서 주위 사람에게 민폐를 끼치기 일쑤입니다. 술자리에서 실수할 때마다 반성하고 잠시 금주하기도 하지만 잊힐 만하면 또 마시러 가서 만취하도록 마시는 상황이 반복됩니다.

술을 끊으려고 생각합니다만, 끊어지지가 않습니다. 인간이니까 결점이 한둘 있는 것은 어쩔 수 없는 걸까요?

고민 상담자로부터

출처 : 오가와 히토시 저, 박양순 역, 『결과를 만들어내는 철학』, 북스토리지, 2023

단원 마무리

학습 마무리 체크

- [ ] 1. 경청이란 올바른 자세로 앉아 상대의 말을 잘 들어주는 것이다. (O, X)
- [ ] 2. 경청에는 '공감능력'이 필수적이다. (O, X)
- [ ] 3. 좋은 의도라 하더라도 '말끝마다 '조언'을 하려고 하면 상대방은 불편함을 느낄 수 있다. (O, X)
- [ ] 4. 효과적인 경청을 위해 단어 이외의 보여지는 표현에도 신경 써야 한다. (O, X)
- [ ] 5. 효과적인 경청을 위해 상대방에게 질문을 하는 것은 지양한다. (O, X)

경청능력에 대해 새롭게 알게 된 사실이나 수업 내용을 정리해 보자.

기출문제

1. 다음 빈 칸을 채우시오.

경청이란 다른 사람의 말을 주의 깊게 들으며, (　　　　　)하는 능력을 말한다.

2. 경청의 방법 중 잘못된 것을 고르시오.

① 혼자서 대화를 독점하지 않는다.

② 의견이 다르더라도 일단 수용한다.

③ 논쟁에서는 내가 먼저 발언하는 것이 유리하다.

④ 시선(Eye Contact)을 맞춘다.

3. 다음의 사례에서 필요한 해결책으로 적절하지 않은 것을 고르시오.

> **불친절한 말투에 고객의 말 자르기까지?**
>
> 일단 앵무새처럼 미안하다고 반복한다? 전화 상담원이 할 수 있는 말은 그리 많지 않다. 불만을 처리할 때에는 상담원이 처리할 수 있는 부분에 명확한 한계가 있기 때문이다. 할 말이 없다고 해서 미안하다는 말만 계속하는 것은 고객에게 더욱 무책임하게 들린다.
> 고객의 말을 자르는 것은 절대 금물이다. 고객의 문제를 파악했다고 해서 중간에 말을 잘라서는 안 된다. 특히 말을 자르고 앞질러 해결책을 제시했는데, 이게 엉뚱한 방안일 수가 있다. 예를 들어, 단순 문의를 하려고 전화한 고객에게 '불만 있으면 처리해주겠다'는 식으로 응대해서 일을 그르치는 사례가 종종 발생한다.

① 위와 같은 상황에서는 '공감적 경청'이 가장 중요하다.

② 고객이 흥분한 경우, 신속한 해결을 위해 여러 가지 제시안을 내 놓는다.

③ 고객의 감정에 동의하는 말을 덧붙여 주어야 전화를 하는 고객이 안심할 수 있다.

④ 보이지 않는 고객에게도 최대한 호응하는 태도로 신뢰를 보여준다.

4. 경청의 올바른 자세로 적절하지 않은 것을 고르시오.

① 상대를 정면으로 마주하는 자세는 상대에게 부담을 느끼게 할 수 있기 때문에 지양한다.

② 상대방을 향하여 상체를 기울여 다가앉은 자세는 경청하고 있다는 사실을 강조하는 것이다.

③ 비교적 편안한 자세를 취하는 것은 전문가다운 자신만만함을 전하는 것이다.

④ 손이나 다리를 꼬지 않는 개방적 자세를 취하는 것은 상대에게 마음을 열어 놓고 있다는 표시이다.

보충자료 1

리포트 작성법

학습 목표

1. 리포트 작성 원칙을 숙지한다.
2. 리포트 작성 방법을 숙지한다.
3. 리포트 작성법을 실제 리포트 작성 시 적용할 수 있다.

사전 체크리스트

- ☐ 1. 리포트 작성 시 표지를 꼭 만든다. (O, X)
- ☐ 2. 리포트 작성 취지를 잘 이해하고 있다. (O, X)
- ☐ 3. 나는 리포트 작성 시 '인터넷 검색'에 의존한다. (O, X)
- ☐ 4. 리포트 작성에 요구되는 '윤리'가 있다는 점을 알고 있다. (O, X)
- ☐ 5. 주석란 생성 방법을 알고 있다. (O, X)

사전 활동

나는 그동안 리포트를 어떻게 작성해 왔는지 생각해 보자.

다음은 P군의 리포트 표지이다. 추가되어야 할 항목에는 무엇이 있을까?	
리포트 학과 학번 이름	Q. 리포트 표지에서 꼭 들어가야 할 항목은?

리포트의 작성 원칙

1. 리포트란 무엇인가?

리포트(report)란 조사나 연구, 실험 등의 결과에 대한 보고서 또는 특정 수업을 수강하면서 쓰게 되는 소논문 형식의 글을 말한다. 주로 학교에서 학습한 내용을 바탕으로 일정한 주제에 따른 리포트를 작성하는 경우가 많다. 리포트를 작성하는 과정을 통해 1차 교실학습을 확장시키고, 2차 자기화를 통한 학문적 향상을 도모하는 것이 가장 큰 목적이다.

많은 학생들은 리포트 작성을 할 때 '인터넷 검색'에 의지하는 경향을 보인다. 그러나 리포트는 단순한 '자료검색'을 정리하는 글쓰기가 아니다. 리포트는 보고서의 한 종류이자 교실 학습의 연장선상임을 잊어서는 안 된다. 또한 리포트는 학술적 글쓰기이기도 하다. 기본적인 체계와 형식을 지키는 것이 매우 중요하며, 기본 형식으로 표지, 목차, 본문, 참고문헌 순으로 순서를 지켜 작성하는 것이 좋다.

- 표지 : 제목, 과목명, 담당교수, 제출일자, 소속, 학번, 이름을 기입한다.
- 목차 : 전체 구성을 일목요연하게 정리하여 제시한다.
- 본문 : 리포트의 성격 및 유형에 따라 작성한다.
- 참고문헌 : 모든 내용 작성을 마친 후 마지막으로 참고문헌 목록을 작성한다.

2. 리포트의 성격

(1) 전달성

리포트는 상대에게 정확히 전달되어야 한다. 정확한 전달은 간결함에서 나온다. 알고 있는 것을 모두 쓰면 정보 전달에 혼선이 올 수 있다. 꼭 필요한 내용만 담자. 작성 후 30퍼센트를 덜어내는 것도 한 방법이다. 리포트를 읽는 사람은 작성자보다 더 전문가라는 사실을 잊지 말자.

(2) 사실성

리포트는 정보 전달의 기능도 있지만 설득의 기능도 있다. 따라서 사실에 입각한 주장과 근거를 바탕으로 리포트를 작성해야 한다. 주장을 뒷받침할 근거가 종합적이고 균형 있는 시각을 통해 마련되어야 한다. 또한 단순한 사실 보고를 넘어서 작성자의 시각으로 정보를 편집하는 열정과 노력이 수반되어야 한다.

(3) 윤리성

리포트를 작성할 때 참고자료를 자신의 생각인 것처럼 주석도 달지 않고 쓰거나 참고자료의 의도를 왜곡하면 안 된다. 특히 표절문제는 학습 전반의 윤리문제로 이어질 수 있으므로 참고한 내용은 반드시 주석을 달아 인용했다는 사실을 밝혀야 한다.

3. 리포트 작성 시 지켜야 할 글쓰기 윤리

(1) 출처를 밝혀야 한다.

자신이 작성한 내용이 아닌 인터넷, 논문, 학술지, 도서 등에서 발췌한 내용을 활용할 때는 반드시 '출처'를 밝혀 적어야 한다.

(2) '주석 달기'를 습관화하는 것이 중요하다.

①'한글'에서 문서 작성을 하는 경우, [키보드 하단의 'Crtl'키를 누른 상태에서 'n'을 두 번 누르면 자동으로 페이지 하단에 '주석란'이 생성된다.

② 주석란의 서지사항 순서는 '저자, 책제목, 출판사, 출판년도, 인용 쪽수' 순으로 표기하며, 논문의 경우「 」, 단행본의 경우『 』에 제목을 작성한다.

③ 정형화된 방식의 주석 달기가 어렵게 느껴진다면, 주석란을 생성하고, '문장'으로라도 내가 어떤 자료를 활용했는지 밝혀 적는 것부터 시작해 볼 것을 권장한다.

(3) 인용 방법

짧은 인용 예시

좋은 글을 쓰기 위해 우리는 '글의 개요'를 짜야 한다. 흔히 개요는 '글의 설계도'로 이해할 수 있으며, 글의 처음과 중간, 끝부분에 들어갈 핵심 내용과 골격을 세우는 것을 의미한다. 이를 위해 우리는 가장 먼저 '발상하기'를 거쳐야 한다. **"발상은 주제와 아이디어를 찾는 것이므로 완전한 개요로 보기는 어렵다."**[1] 이 단계는 말 그대로 기초적 아이디어를 얻는 작업이기 때문이다.

---

1 정희모·이재성, 『글쓰기의 전략』, 들녘, 2005, 75쪽.

긴 인용 예시

삶이란 무엇인가? 우리는 무엇에 집중하며, 열중하며 살아야 하는가? 한 번쯤 심도 있게 고민해 볼 문제이다. 다음을 보자.

> **우리는 오늘을 살아야 한다. 너무 먼 미래를 계획하고 준비하고 사는 것도 중요하지만 더욱 중요한 점은 '오늘'에 충실해야 한다는 것이다. 삶은 끝을 예단할 수 없다. 오늘에 충실하지 못한다면 내일은 불확실하고, 물리적으로 나에게 10년 후 20년 후가 보장되지도 않는다. 아등바등거리며, 종종걸음하며 먼 미래를 위해 애쓰지 말자. 오늘을 살고 지금의 행복을 위해 매 순간 최선을 다하고, 화해하고 용서하며 그렇게 살아야 한다.**[1]

이렇듯 우리의 삶은 늘 불확실성 속에 위치한다. 내 삶을 스스로 설계하고 이끌어 나가는 힘은 '내일'이 아니라 '지금'이다.

---

1 김은송, 『학생들에게 하고 싶은 말』, (가상의 책), OO출판사, 2024, 28쪽.

4. 리포트의 기본 형식

리포트 작성은 보통 '서론-본론-결론'의 삼단 구성을 기본으로 한다. 이 삼단 구성에는 도입, 중심(주제) 내용, 마무리가 잘 드러나면 된다. 계열별 리포트의 작성 방법이 차이가 있기 때문에 자신의 전공에 맞는 방식을 숙지하는 것이 중요하다.

	인문사회계열
기본 틀(형식)	서론(연구방법), 본론, 결론, 참고문헌
내용 구성	• 서론 : 글을 쓰는 목적과 문제 제기, 연구 방법 제시 • 본론 : 서론에서 제시한 중심 과제를 설명하고 주장의 타당성을 근거를 바탕으로 증명 • 결론 : 본론의 주장 또는 의견을 요약, 향후 과제 제시

	이공계열
기본 틀(형식)	실험목적(이론), 실험장치, 실험방법, 결과, 참고문헌
내용 구성	• 실험목적 : 실험의 필요성 제시 • 실험이론 : 실험에 필요한 배경 이론 또는 원리 • 실험장치 : 실험에 사용한 장비의 모델명, 수량, 사용 경위 등을 설명 • 실험방법 : 실험을 과정 중심으로 상세히 기술 • 결과 : 도표 및 그래프를 활용하여 결과물 설명

5. 리포트 작성 원칙

① 문장을 짧고, 간결하게 작성한다.

② 상대방이 이해하기 쉽게 쓴다.

③ 꼭 필요한 경우 외에는 한자나 영어의 사용을 자제한다.

④ 간결체로 작성한다.

⑤ 문장은 긍정문으로 작성한다.

⑥ 항목별 표제를 붙인다.

6. 리포트의 작성 과정

① 주제 선정

② 목차 구성

③ 자료 수집 및 선별

④ 구성(서론/본론/결론)

⑤ 전개(항목별로 단락 구성 위주, 참고문헌 및 주석 작성 포함)

⑥ 최종 수정

리포트의 작성 방법

1. 주제 선정

강의 중 제시되는 리포트의 주제는 주로 수업 내용의 지식 체계에 도움을 주기 위해서 제시된다. 강의실에서 학습한 내용을 더욱 넓게 확장시키는 의미로 접근하는 것이 좋다.

2. 목차 구성

리포트는 기본적으로 '서론-본론-결론'의 형식을 갖추므로, 서론을 작성하기 전 목차를 구성해야 독자가 리포트 내용을 일목요연하게 확인할 수 있다.

① 목차는 전체적인 흐름이 한 번에 파악될 수 있도록 숫자, 기호를 사용해 작성해야 한다.
② 간단한 리포트이거나 독자(평가자)가 목차를 필요 없다고 여길 경우 목차 작성을 하지 않아도 된다.

3. 자료 수집 및 선별

자료 수집은 대체로 기존 논문이나 도서, 신문, 인터넷 등을 활용한다. 자료의 내용을 '내 방식'대로 재정리하고 필요한 내용을 선별하는 것이 중요하다.

① 리포트 주제를 뒷받침할 수 있는 다양한 자료를 수집해야 한다.
② 자료의 내용을 항목별로 분류하고 정리해야 한다.
③ 데이터 형식으로 수집된 자료는 데이터를 분석해야 한다.
④ 수집 자료는 연구 목적에 맞게 도표, 그래프, 사진 등으로 변환해 제시해야 한다.
⑤ 수집된 자료 내용을 확인해 거짓된 부분이나 잘못된 부분이 없는지 확인한다.

사례 데이터는 그래프로 제시

미국에서 학사 출신 10년 이상의 경력자를 기준으로 해서 설문 조사를 하였다. 설문의 주제는 '어떤 전공을 선택해야 돈을 잘 버는가'였는데, 그 결과 상위 5위까지의 순서는 다음과 같다.
제1 순위는 항공우주공학이고, 마지막 순위는 경제학이었다. 제2 순위가 화학공학, 제3 순위가 컴퓨터 공학, 제4 순위가 전기 공학이었다.
각 순위별 비율을 보면, 제1 순위는 전체 대답 인원의 35퍼센트가 선택했고, 제5 순위는 5퍼센트가 선택했다. 제2 순위는 제1 순위에 비해 10퍼센트 낮은 비율을 보였고, 제3, 4 순위는 제2 순위에서 순차적으로 5퍼센트씩 적은 비율로 선택되었다.

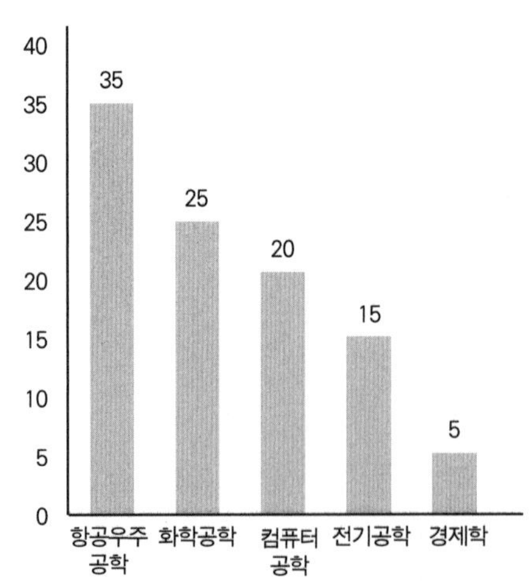

4. 구성

구체적인 개요 수립 단계로, 과제의 전반적인 구성을 어떻게 할 것인지에 대한 계획을 설계하는 단계이다.

① 개요를 작성할 때는 큰 항목을 먼저 작성한 다음, 세부적인 내용을 작성하는 것이 효율적이다.

② 개요를 작성할 때는 급하게 작성하지 말고 시간을 두고 작성해야 한다.

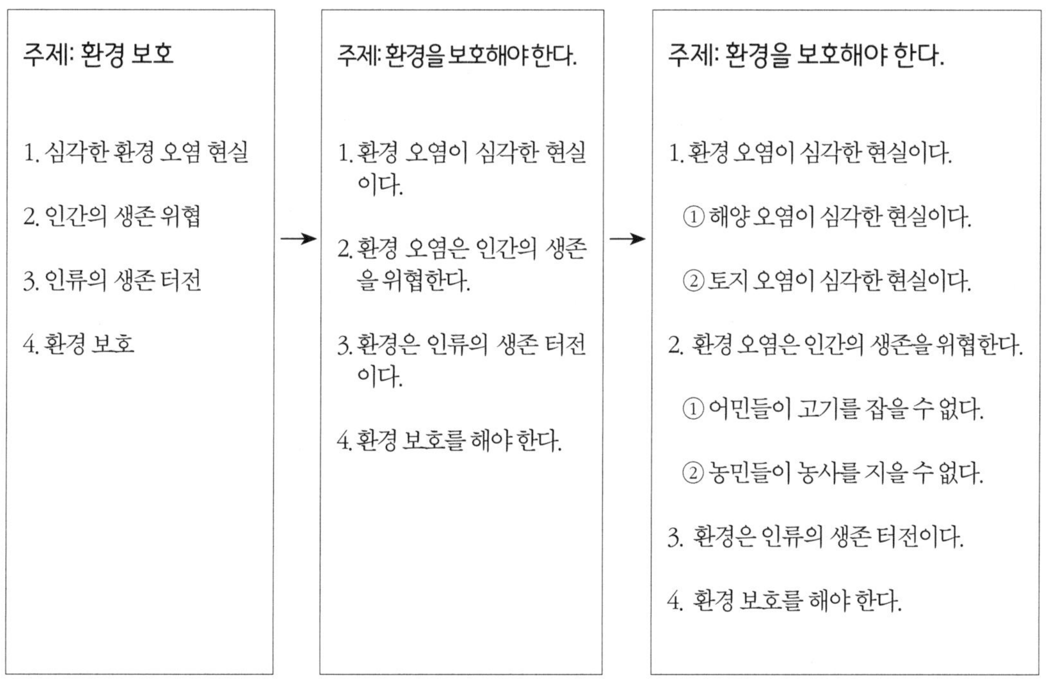

5. 전개

본격적인 리포트 작성 부분이다. 앞선 단계에서 선별한 자료들과 주제에 부합하는 자신의 의견을 적절하게 재구성하는 과정을 거친다. 특히 참고문헌의 경우 과제 작성을 위해 참고한 모든 자료의 서지사항을 반드시 밝혀야 함을 잊지 말자.

개요에 담겨 있는 체계를 충분히 갖춰야 하지만, 전개 도중 수정 사항이 있다면 고쳐도 된다. 단 수정할 때 내용의 통일성을 지켜야 한다.

(1) 리포트 전개 시 유의사항

① 전체

- 리포트를 너무 완벽하게 쓰려고 하지 말 것
- 막히는 부분이 나오더라도 계속 이어서 써 볼 것
- 추후 수정해야 할 오류가 보이더라도 체크만 하고 계속 쓸 것
- 전개 과정을 리포트의 완성이 아닌 하나의 과정으로 인식할 것

② 서론

- 독자의 관심을 끌고 논지를 소개하는 방향으로 쓸 것
- 본론보다 적은 분량으로 쓸 것
- 과장이나 거짓을 쓰지 말 것
- 본론과 결론을 염두에 두고 쓸 것

③ 본론

- 리포트 주제에 알맞은 논거를 제시할 것
- 개요를 고려해 작성할 것
- 충분히 고민하고 검증한 내용을 쓸 것
- 객관성과 독창성을 확보할 것
- 필자의 견해와 인용한 견해를 명확히 구분할 것

④ 결론

- 본론에서 논의한 내용을 한눈에 확인할 수 있도록 요약할 것
- 본론에 있는 표현을 그대로 쓰지 말 것
- 본론에서 다루지 않은 내용은 언급하지 말 것

• 사적인 언급을 피할 것(리포트 성격에 따라 언급할 수도 있다.)

(2) 리포트 전개의 원리

① 통일성의 원리

• 각 단락을 이루는 내용들은 주제에 맞아야 한다.

• 주제에 맞지 않는 내용은 삭제한다.

② 연속성의 원리

• 각 단락을 이루는 내용들은 일정한 체계에 의해 짜여져야 한다.

• 각 내용을 연속성 있게 배열한다.

③ 완결성의 원리

• 문단은 글의 일부이지만 그 자체로 완결성이 있어야 한다.

④ 강조성의 원리

• 소주제와 밀접한 관련이 있는 내용은 특별히 강조해야 한다.

6. 최종 수정

작성을 마친 후 리포트 주제를 다시 한 번 검토하고, 주석 및 참고문헌 체크, 본문의 서론-본론-결론 내용이 유기적으로 잘 연결되는지 최종 수정한다.

① 최종 수정은 최대한 객관적인 태도를 견지하며 이루어져야 하고, 오류가 있다면 반드시 바로 잡아야 한다.

② 일정 시간 차를 두고 여러 번 수정하면 더 완벽해질 수 있다.

③ '글 전체 → 문단 → 문장/단어' 순으로 검토하고 수정해야 한다.

④ 글 전체 : 주제나 목적이 타당한가, 글의 짜임새가 올바르게 되었는가.

⑤ 문단 : 문단의 흐름과 맞지 않는 문장은 없는가.

⑥ 문장/단어 : 중의적이거나 모호한 문장은 없는가, 어법에는 맞는가.

⑦ 주석/참고문헌 : 주석의 위치와 내용, 주석 달기 방식이 올바른가, 참고문헌은 형식에 맞는가.

학습 마무리 체크

☐ 1. 리포트 작성의 취지는 1차 교실학습을 확장시키고 2차 자기화를 통한 학문적 향상 도모를 위함이다. (O, X)

☐ 2. 인터넷에서 얻은 정보도 반드시 주석을 통해 출처를 밝혀야 한다. (O, X)

☐ 3. 리포트 작성 시 영어나 한자 등의 전문어를 사용하는 것은 전문성을 잘 드러낸다. (O, X)

☐ 4. 리포트에도 목차가 필요한 경우가 있다. (O, X)

☐ 5. 리포트를 최종 검토 및 수정할 때는 '문장/단어-문단-글 전체'순으로 검토한다. (O, X)

보충자료

2 취업 면접

학습 목표

1. 면접의 개념과 유형, 절차를 이해한다.
2. 예시를 바탕으로 면접 준비 사항을 숙지한다.
3. 면접 시 의사표현 전략을 연습한다.

사전 체크리스트

- ☐ 1. 나는 면접의 경험이 있다. (O, X)
- ☐ 2. 면접은 최종적으로 인사권자가 지원자와 직접 대면하여 진행된다. (O, X)
- ☐ 3. 면접의 취지는 '객관적 정보 파악' 이외의 요소들을 파악하기 위함이다. (O, X)
- ☐ 4. 곤란한 질문이 주어지더라도 성실하고 자신감 있는 태도가 중요하다. (O, X)
- ☐ 5. 나는 평소 허리를 꼿꼿하게 펴고 대화에 임한다. (O, X)

면접의 개념과 특징, 절차

1. 면접이란 무엇인가?

면접이란 특정 조직에서 서류 심사, 실기나 필기시험 등을 거치고 난 후, 최종적으로 인사권자가 지원자를 직접 만나 인성과 지식 수준, 성장 가능성 등을 평가해 원하는 인재를 찾는 대화이다. 면접은 서류만으로 알 수 없는 내용을 판단하기 위해 시행한다. 우수한 성적을 받았더라도 그릇된 가치관을 가지고 있거나 대인관계가 원만하지 않거나 성격상의 결함이 있는 경우도 있기 때문이다.

2. 면접의 특징

면접도 의사소통이므로 말하기와 듣기의 일반적 원리와 원칙이 요구된다. 다만 면접 관련자들 간의 관계가 동등하지 않다는 것은 알아야 한다. 면접위원은 질문하고 피면접자는 대답하는 일방적인 형태의 의사소통 상황이므로 피면접자는 면접위원(조직)이 원하는 바를 충족하고 있어야 한다.

면접에서의 평가 기준은 일차적으로 면접위원과 피면접자 간의 대화 과정에서 나타나는 모습이다. 대화 내용의 논리성, 합리성, 피면접자가 질문에 대처하는 방식, 태도 등이 중요하다.

3. 면접의 절차

피면접자는 면접장에 도착하여 대기실에서 대기하게 된다. 번호 순서대로 면접이 진행되다가 자기 차례가 오면 면접장에 입실하고 면접위원에게 질문을 받는다. 면접위원의 질문과 피면접자의 대답이 모두 끝나면 퇴실한다. 이 과정에서 흔히 면접장에서 하는 질의응답만 평가에 들어간다고 생각하지만 실제로는 대기 절차부터 퇴실 절차까지 모두 면접 평가 요소에 해당한다.

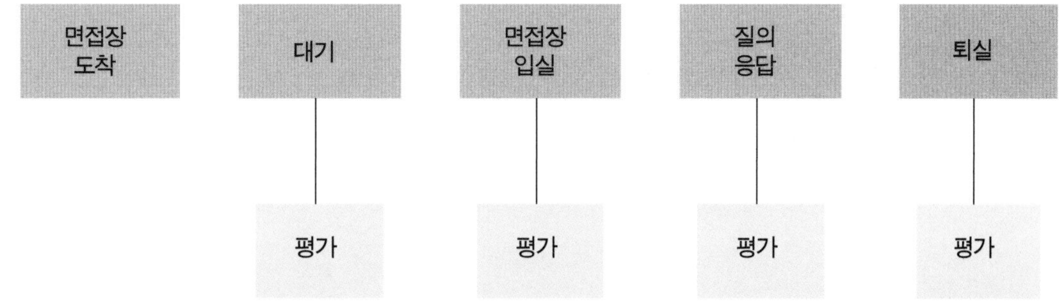

면접의 유형

1. 개별 면접

한 명의 피면접자를 한 명 또는 다수의 면접위원들이 면접하는 방식이다. 전문직 채용 기업이나 중소기업 등과 같이 소수의 인원을 선발할 때나 대학입시의 구술심층 면접 등에서 자주 사용된다. 장점은 피면접자에 대해 보다 구체적이고 많은 정보를 얻을 수 있으나 단점은 피면접자에게 지나친 긴장감을 줄 수 있고, 전체 면접 시간이 많이 소요된다.

개별 면접에서는 피면접자의 자신감 있는 자기 표현이 중요하다. 집단 면접에서처럼 다른 동료 피면접자들과의 비교를 통해 자신의 위치를 가늠할 수 없으므로 표현에 논리성을 갖도록 철저히 주의를 기울여야 한다.

2. 집단 면접

다수의 면접위원들이 다수의 피면접자를 면접하는 방식으로 기업 면접에서 가장 보편화된 방법이다. 면접위원들의 입장에서 다수의 피면접자를 동시에 비교 평가할 수 있는 것이 장점이지만, 피면접자 입장에서 동료 피면접자들에 대한 의식 때문에 더 큰 긴장과 위압감을 느껴 제대로 의사표현을 하지 못

할 가능성이 높은 것이 단점이다. 답변을 할 때 질문한 면접위원뿐 아니라 다른 면접위원들에게도 시선을 보내야 하고, 질문에 대한 답은 결론부터 먼저 말하고 경험이나 근거, 사례는 부연해서 설명해야 한다. 또한 동료 피면접자들의 답변 내용이 자신에게 도움이 될 수도 있으므로 경청해야 한다.

3. 집단토론 면접

피면접자들에게 특정한 주제를 주고 그들이 토론해 가는 과정을 살피는 면접 방식이다. 면접자는 피면접자의 토론 내용, 제스처, 경청 태도, 발언 태도를 살핀다. 계획되거나 예상되지 않은 개방적 토론을 통해 평가가 이루어지므로 면접위원이 예상하지 못했던 점을 알 수 있는 것이 장점이고, 면접위원의 통제가 없기 때문에 면접위원이 알아야 하거나 요구하는 것을 얻어 내지 못하는 경우가 있는 것이 단점이다. 집단토론 면접은 조직 내 사람들과의 협조성에 주목하므로 무리하게 토론의 주도권을 잡으려 하지 말아야 한다. 토론에서는 상대의 말에 경청하는 태도가 중요하므로 개인의 의견을 일방적으로 고집하지 말아야 한다. 상대방의 의견에 정면으로 강하게 대응하거나 상대의 말을 중간에서 끊는 성급함을 보여서도 안 된다.

4. 기타 면접 방식

(1) 무자료 면접

이력서나 자기소개서 없이 면접을 시행하게 되므로 피면접자는 자신감을 가지고 면접에 임하는 것이 중요하다.

(2) 프레젠테이션 면접

주어진 주제에 대해 피면접자가 자신의 의견, 경험, 지식 등을 면접자와 동료 피면접자 앞에서 발표하는 면접 방식으로 사고력과 표현력, 발표력, 전문적인 지식과 기획력, 분석력 등을 파악하는 데 용이하다.

(3) 다차원 면접, 행동관찰 면접

면접자와 피면접자가 회사 밖의 공원, 놀이동산, 노래방, 볼링장, 산 등과 같이 자유로운 공간에서 장시간 동안 다양한 활동을 하는 가운데 평가가 이루어지는 면접이다.

토론 면접의 사례

면접관 : 이쪽으로 앉으시죠. 음, 좌장(사회자)을 하시는 분은 가운데 앉아 주시고, 이제부터 토론 면접을 시작할 것입니다. 토론의 시간은 20분을 드리겠습니다. 시간을 지켜 주시고, 선출하신 좌장의 진행에 따라 토론을 시작하시면 되겠습니다.

좌 장 : 지금부터 2023년, 남아프리카시장 삼성전자 프린팅 제품 출시 여부에 관련하여 토론을 시작하겠습니다. 전체시간은 20분이고, 찬성과 반대 측의 의견을 듣는 시간은 15분으로 한정하겠습니다. 나머지 5분은 토론을 정리하는 시간으로 소요하겠습니다. 우선 찬성 측에서 먼저 의견을 제시해 주시겠습니까?

찬 성1 : (생략)

좌 장 : 좋은 의견을 주셔서 감사합니다.

좌 장 : 그럼 반대 측 의견을 들어볼까요? 어느 분께서 말씀하시겠습니까?

반 대1 : (생략)

좌 장 : 좋은 의견 감사합니다. 시간관계상 여기서 마쳐야 하는 것이 안타깝습니다. 의견을 종합해 볼 때 남아프리카시장에 2023년 삼성전자의 프린팅 제품 출시를 해야 하는 것으로 귀결되는 느낌인데요, 이에 동의하십니까?

모 두 : 네, 그렇습니다.

(중략)

좌 장 : 적절한 시간 내에 결론을 내주셔서 감사합니다. 이상으로 토론을 모두 마칩니다. 수고하셨습니다.

면접 준비

1. 면접 헤어스타일

① 지나치게 부스스한 헤어스타일은 단정한 인상을 전달하기에 적합하지 않으며 산만한 인상을 줄 수 있다.

② 남성 지원자의 경우 이마를 드러낸 헤어스타일을 통해 신뢰감 있는 인상을 형성할 수 있고, 여성 지원자의 경우 머리를 묶으면 단정하고 성숙한 이미지를 더할 수 있다.

③ 면접 당일에는 거울을 지참하여 면접에 들어가기 전 헤어스타일이 지저분하지는 않은지 확인하고 정돈해야 한다.

2. 면접 복장

① 면접 복장을 확인하는 것은 사소한 부분이지만 면접 당일에 얼룩이나 신경 쓰이는 부분을 발견하게 되면 당황스러울 수 있으므로 구김이나 얼룩이 있는지 확인해야 한다.

② 너무 꽉 끼거나 지나치게 헐렁한 면접 복장은 어수선한 인상을 줄 수 있으므로 자신이 전달하고자 하는 이미지에 맞는 면접 복장을 선택하는 것이 중요하다.

③ 면접 복장을 정할 때는 TPO(Time(시간), Place(장소), Occasion(상황))을 염두에 두고 상황에 맞는 복장을 선택해야 한다. 예를 들어 프레젠테이션 면접에서는 정장 재킷을 벗거나 소매를 걷는 경우가 생길 수 있으므로 깔끔한 셔츠를 선택하는 것이 좋다.

④ 비즈니스 캐주얼 복장을 면접에 도입하는 회사들도 많지만 구체적인 면접 복장이 명시되지 않은 경우라면 대부분 비즈니스 복장인 정장을 기본으로 한다.

3. 면접 말투 연습

① 살짝 웃는 표정은 면접관에게 친밀한 인상을 전달할 수 있으므로 웃는 연습을 해야 한다.

② 자연스러운 웃음을 짓기 위해서는 윗니가 살짝 보일 정도로 웃되, 눈가도 자연스럽게 웃도록 연습하는 것이 좋다.

③ 목소리 톤은 평소에 이야기하는 것보다는 약간 큰 소리로 자신감 있게 이야기하도록 해야 한다.

④ 면접에서는 긴장을 해 빨리 말하는 경향이 있기 때문에 말하는 속도를 의식하면서 천천히 말하는 연습도 할 필요가 있다.

4. 면접 자세 연습

① 자세는 특히 면접에서 시간이 지날수록 흐트러지기 쉬운 부분이므로, 평소 서 있거나 앉아 있는 경우에 등을 펴고 바른 자세를 하는 등 좋은 자세를 연습해야 한다.

② 구부정한 자세는 음침한 인상을 줄 수 있으며, 가슴을 필요 이상으로 핀 자세의 경우 지나치게 강한 인상을 줄 수 있으므로, 어깨를 바르게 세우고 허리를 일직선으로 유지해야 한다.

5. 말할 내용 준비 및 연습

① 지원 회사가 추구하는 가치에 맞게 자기소개 내용을 준비한다.

② 면접에 자주 등장하는 질문을 탐색해 그에 합당한 답변 내용을 마련해야 한다.

③ 직무 적합성을 강조할 수 있는 내용도 준비해야 한다.

④ 준비된 내용을 실제로 말하는 연습을 하되, 가능하면 조언자의 피드백을 받을 수 있도록 해야 한다.

면접 준비 사례

1. 1분 소개

안녕하세요. ○○○입니다. 저는 제가 겪었던, 제가 경험했던 한 예로 여러분께 저에 대한 소개를 하도록 하겠습니다. 제가 지원한 회사는 광고 마케팅 회사입니다. 다른 사람에게 무언가를 설명하여 이해시키고, 행동하게 만들 줄 알아야 한다고 생각합니다. 제가 학교 그룹사운드 보컬로 한참 활동할 즈음, 저에게는 1년에 한 번 크게 치르는 자체 콘서트를 어떻게 해야 하나? 하는 고민이 있었습니다. 공연 규모를 무작정 크게 하자니 돈이 부족했고, 대학생 신분으로 광고나 기획을 하자니 능력도 터무니 없이 부족했습니다.

그래서 저는 밤새 만든 제안서를 들고 구미시청 문화계를 찾아갔습니다. 청소년들의 건전한 문화생활을 지원하고, 구미시의 젊은이들에게 문화 욕구 해방의 기회를 제공해야 한다는 내용의 제안서였습니다. 결국 제가 제안했던 제 아이디어가 행정력과 힘을 합쳐 당시 07년도에 제1회 "구미 Yes Rock Festival"이 개최되게 되었습니다. 아마추어 직장인, 대학생, 고등학생 밴드가 주축이 되어 7일간 20여 개 팀이 참가하는 명실상부한 구미의 대표 페스티벌로 자리 잡았습니다. 저는 긍정의 힘을 믿습니다. 추진력 하나만으로도 무슨 일이든 해낼 수 있다고 믿습니다. 사람들을 감동시키고 움직이게 만드는 힘, 이 회사에서 꽃 피워 보고 싶습니다.

2. 자신을 제품에 비유해 광고를 만든다면?

순간접착제인 저를 여러분께 판매하고 싶습니다. 우리가 사용하는 순간접착제는 많은 경우 화학적 구조가 다른 두 물질을 접착하는 데 아주 유용하게 사용됩니다.

(후략)

면접 시 유의사항

1. 절차별 유의사항

① 대기 단계 : 안내자가 호명하면 “네” 하고 정확히 답변한 뒤 문 앞으로 가서 노크를 한다. 면접실에서 “들어오세요.”라는 소리가 있을 때 입실하며, 들어오라는 말이 없을 경우 1~2초 여유를 두고 입실한다.

② 입실 단계 : 면접실에 들어가면 면접위원을 향해 정중히 인사한 후 “00번 000입니다.”라고 해야 한다. 면접위원의 앉으란는 지시를 기다렸다가 앉아 질의응답에 대비해야 한다.

③ 퇴실 단계 : 면접위원이 면접이 종료되었음을 알리는 “이상 됐습니다.” 또는 “수고하셨습니다.”와 같은 표시를 하면 “감사합니다.”라는 인사를 꼭 하고 퇴실해야 한다.

2. 질의응답 단계에서의 유의사항

① 음성을 또렷하게 할 것

② 질문에 대한 내용이 빈약하더라도 성실하고 자신감 있게 대답할 것

머리를 긁적이는 것보다 “죄송합니다. 다시 한번 말씀해 주십시오. / 죄송합니다만 질문 내용을 제가 제대로 이해하지 못했습니다.”라는 대답이 낫다. 하지만 이러한 대답도 자주 하면 좋지 않다.

③ 과장되고 거짓된 대답은 피할 것

④ 언어 예절을 지킬 것

⑤ 답변의 내용이 논리적일 것

앞서 말한 내용을 기억하고 추론하면서 대답하는 훈련을 해 둘 것

⑥ 묻는 내용에 관한 것만 대답할 것

⑦ 내용을 외워 읽듯이 답변하지 말고 자연스럽게 답변할 것

3. 대기 단계/퇴실 단계에서의 유의사항

① 면접실에 들어갈 때 차분한 걸음으로 들어가서 간단한 목례를 할 것

② 면접관이 지시하는 자리에 바른 자세로 앉을 것

③ 손은 무릎에 얹고 눈은 질문하는 면접관의 얼굴을 부드럽게 쳐다볼 것

④ 면접 도중 감정의 변화를 자제할 것, 특히 표정에 유의할 것

⑤ 집단면접의 경우 다른 피면접자의 말도 경청할 것

⑥ 면접이 끝났다는 말이 있을 때 자리에서 일어나 바른 자세로 나올 것

⑦ 면접장을 나온 이후에도 행동을 조심히 할 것, 특히 다른 피면접자와 소란스럽게 대화하지 말 것

4. 면접에서 더 잘 말하기 위한 전략

① 면접에서의 답변은 편안하게 하는 것이 효과적이다.

② 예상되는 질문에 대한 답변을 최소한 두세 개 정도 마련하도록 하자.

③ 돌발적인 질문을 받았을 때는 논리적으로 답변하기보다 우회적으로 표현하는 것이 효과적일 때도 있다. (돌발 질문의 목적은 피면접자가 그 상황에 대처하는 능력과 재치를 엿보는 데 있기도 하다.)

④ 집단면접의 경우 동료 피면접자의 응답 내용도 적절히 응용하자.

⑤ 답변 시간이 정해져 있으므로 필요한 내용을 우선적으로 말하는 연습을 하자.

⑥ 면접에 자주 등장하는 질문을 탐색해 그에 합당한 답변 내용을 마련해 두자.

예상 면접 질문

1. 비전/목표

- 입사 후 포부가 무엇입니까?
- 입사 5년 후, 10년 후 자신의 모습은 어떨 것이라고 생각합니까?
- 본인의 직업관은 무엇입니까?
- 당신에게 일이 왜 중요합니까?
- 직장은 어떤 면을 보고 선택합니까?
- 일하는 목적이 무엇입니까?
- 과거 근무 경험에서 가장 크게 배운 점은 무엇입니까?
- 어떤 회사가 훌륭한 회사라고 생각합니까?
- 인생에서 가장 필요한 사항은 무엇이라 생각합니까?
- 중소기업을 선택한 이유는 무엇입니까?
- 바람직한 사원상은 무엇이라고 생각합니까?
- 일과 사생활에 대해서 어떻게 생각합니까?
- 회사 근무를 하면서 가장 중요하다고 생각하는 것은 무엇입니까?
- 기업의 사회적인 책임은 무엇이라고 생각합니까?
- 본인은 따라가는 스타일입니까, 아니면 주도하는 스타일입니까?
- 자신의 능력을 벗어난 업무가 주어진다면 어떻게 하겠습니까?

2. 조직 적응력

- 어떤 경영 스타일일 때 자신의 능력이 최대가 됩니까?
- 상사의 말이 확실히 틀렸을 때는 어떻게 할 것입니까?
- 직원으로서 필요한 덕목이 무엇이라고 생각합니까?
- 입사 후 회사와 맞지 않는다면 어떻게 하시겠습니까?
- 당신은 조직에서 어떤 유형의 사람을 싫어합니까?

- 어울리기 힘들었던 사람과 공동의 이익을 만들 수 있었던 경험이 있습니까?
- 당신은 조직 활동을 하면서 어떤 성취를 경험했습니까?
- 어떤 상황에서 스트레스를 받습니까?
- 거래처와의 갈등이 있을 경우 어떻게 대처하겠습니까?
- 상사와 의견이 다를 때는 어떻게 대처할 것입니까?
- 상사가 부당한 업무 지시를 시킨다면 어떻게 할 것입니까?

3. 관심사/가치관

- 봉사활동을 특별히 많이 했는데, 기업의 사회 환원 활동에 대한 본인의 생각은 어떠합니까?
- 가장 존경하는 인물은 누구입니까?
- 가장 인상 깊게 본 영화 한 편과 그 이유는 무엇입니까?
- 가장 존경하는 인물로 부모님을 언급했는데, 그 이유는 무엇입니까?
- 매일 아침 신문을 읽는다고 했는데, 오늘 아침 신문의 톱기사는 무엇입니까?
- 한 달에 책을 몇 권 정도 읽습니까?
- 본인만의 스트레스 해소법에 대해 이야기해 주세요.
- 정보를 수집할 때 효율적인 자신만의 방안은 무엇입니까?
- 공익과 사익 중 무엇을 더 추구해야 한다고 생각합니까?
- 본인의 가치관에 대해 말해 보고, 그 가치관이 당사에서 어떻게 발휘될 것인가를 설명해 보세요.

4. 직무 적합도 및 관심도

- 해당 직무와 전공이 맞지 않은데 왜 지원을 했나요?
- 해당 업종의 최근 이슈에 대해서 말해 보세요.
- 지원 직무를 위해서 본인이 준비한 것은 무엇입니까?
- 우리 회사 매장에 다녀온 소감이나 개선해야 할 점을 말해 보세요.
- 우리 회사의 사업 분야에 대해 아는 대로 설명해 주세요.

- 우리 회사의 인재상 중 본인에 해당하는 한 가지와 그 이유에 대해 말해 보세요.
- 우리 회사의 장단점에 대해 설명해 주세요.
- 우리 회사의 이미지에 대해 이야기해 주세요.
- 우리 회사에 궁금한 점이나 질문이 있나요?
- 지원한 직무가 본인에게 잘 맞는 직무라고 생각하나요?
- 우리 회사를 알게 된 경로는 무엇인가요?
- 조직을 이해하는 관점이 중요한데, 우리 회사의 핵심 가치는 무엇이라고 생각합니까?

5. 대외 활동/성격

- 본인의 갈등이나 좌절한 경험에 대해 말해 주세요.
- 본인의 차별화된 강점이 있나요?
- 본인의 강점을 살린 좋은 결과를 얻은 다른 사례가 있다면 무엇인가요?
- 본인의 장단점에 대해 말해 주세요.
- 본인의 약점은 무엇이고 이를 극복한 경험은 있나요?
- 가장 크게 실패/성공했던 경험에 대해 말해 주세요.
- 팀 간의 역할 배분도 중요한데, 배분이 잘 되었다고 생각하나요?
- 본인은 팀 내에서 역할을 충실히 수행했다고 생각하나요?
- 기억에 남는 대학생활 경험에 대해 말해 보세요.
- 본인의 의사결정 노하우는 무엇이 있습니까?
- 전공을 어떻게 직무에서 활용할 수 있습니까?

6. 돌발/창의성

- 한 달을 시한부로 살 수 있고, 한 달 동안 5,000만 원의 돈이 주어진다면 어떻게 사용하겠습니까?
- 빨간 벽돌을 건축자재 외에 사용할 수 있는 용도를 5가지 말해 보세요.

- 아침에 일어났더니 읽지 않은 이메일이 2,000통이나 와 있습니다. 이중 시간적으로 300통만 회신할 수 있다면 어떤 것부터 하겠습니까?
- 전국에 치킨집이 몇 개가 있을 것 같습니까?
- 아이들을 웃게 하는 방법은 무엇입니까?'
- 자기소개서에 자신을 유머러스하다고 했는데, 1분 동안 면접관을 웃겨 보세요.
- 자신이 얼마짜리 사람이라고 생각합니까?
- 자기 자신을 잘 표현할 수 있는 그림을 그리세요. 그리고 그 그림을 통해 3분 동안 자기 자신에 대해 설명하고, 입사한 동기와 연관 지어 설명해 보세요.
- Kill115145425가 무슨 뜻입니까?

7. 압박

- 다른 회사도 지원했습니까?
- 다른 회사는 전형이 어디까지 진행되었습니까?
- 다른 회사에도 합격하면 어느 회사에 입사할 것입니까?
- 열심히 일하겠다고 밝혔는데, 구체적인 계획은 무엇입니까?
- 우리 회사에 지원했다가 떨어진 이력이 있는데, 그때는 왜 떨어진 것 같으며, 다시 지원한 이유는 무엇입니까?
- 본인이 오늘 면접에 떨어진다면 이유가 무엇이겠습니까?
- 직무가 바뀌어도 괜찮습니까?
- 입사 후 희망 부서에 배치가 되지 않는다면 어떻게 하겠습니까?
- 스펙이 굉장히 좋은데 왜 이 일을 하려고 합니까?
- 학점이 낮은 이유에 대해서 설명해 주세요.

면접 평가 항목

면접 평가 항목은 조직마다 다르다. 다만 아래 항목은 가장 기본이 되는 면접 평가 항목이므로 면접을 준비할 때 반드시 체크해야 한다.

내용	평가(1~10점)			
	피면접자 A	피면접자 B	피면접자 C	피면접자 D
1. 질문의 요지를 정확하게 파악하고 있는가? 2. 주장하는 내용에 대한 명확한 근거가 있고 논리적인가? 3. 자신감이 있는가? 4. 긍정적인 사고 방식을 가지고 있는가? 5. 책임감과 성실함을 갖추었는가? 6. 업무에 전문가적 능력을 갖춘 인물인가?(해당 분야에 대한 지식) 7. 입사에 대한 열망이 강한가? 8. 면접 처음부터 끝까지 정성을 다하였는가? 9. 실수를 했어도 당당하였는가? 10. 표정과 제스처가 자연스러운가?				

학습 마무리 체크

☐ 1. 리포트 작성의 취지는 1차 교실 학습을 확장시키고 2차 자기화를 통한 학문적 향상 도모를 위함이다. (o, ×)

☐ 2. 인터넷에서 얻은 정보도 반드시 주석을 통해 출처를 밝혀야 한다. (o, ×)

☐ 3. 리포트 작성 시 영어나 한자 등의 전문어를 사용하는 것은 전문성을 잘 드러낸다. (o, ×)

☐ 4. 리포트에도 목차가 필요한 경우가 있다. (o, ×)

☐ 5. 리포트를 최종 검토 및 수정할 때는 '문장/단어-문단-글 전체'순으로 검토한다. (o, ×)

정 답

01 의사소통능력 기출문제

1. 의사소통
2. 피드백
3. ① 문서이해, ②문서작성, ③경청, ④의사표현
4. ①
5. 일방적으로 말하고, 일방적으로 듣는 무책임한 마음, ② '전달했는데', '아는 줄 알았는데'라고 착각하는 마음
6. ②, ④
7. ③

03 문서이해능력 기출문제

1. (A) 내용을 이해, (B) 요점을 파악
2. 기획서
3. 기안서
4. 자기소개서
5. ①

04 문서작성능력 기출문제

1. (A) 사고력, (B) 표현력
2. 핵심사항만을 산뜻하고 간결하게 작성한다. 복잡한 내용일 경우에는 도표나 그림을 사용한다 등
3. 1) ×, 2) ×, 3) ○
4. ③
5. ④
6. ①
7. ②

06 의사표현능력과 프레젠테이션 기출문제

1. (A) 공식적, (B) 의례적, (C) 친교적
2. 연단공포증
3. ①
4. ③
5. ④
6. ① 칭찬을 아끼지 말라, ② 겸손을 최고의 미덕임을 잊지 말라 등

07 경청능력 기출문제

1. 공감
2. ③
3. ②
4. ①

02 한글맞춤법과 띄어쓰기 퀴즈 해설

1. (① 며칠 ② 몇 일)만 시간을 주세요. 정답 ①

'몇 월 며칠'이 맞다. 한글맞춤법 제27항에서는 "어원이 분명하지 아니한 것은 원형을 밝히어 적지 아니한다."라고 규정한다.

*몇 월[며뒬] 몇 일[×며딜]

2. 오늘 (① 설거지 ② 설겆이) 당번은 누구? ①

한글맞춤법은 표준어를 소리대로 적되 어법에 맞도록 함을 원칙으로 한다.

*꽃이[꼬치], 꽃도[꼳또], 꽃을[꼬츨], 꽃만[꼰만]

*일찍이(O)/일찌기(×)

3. 한국 밥상에는 국과 (① 찌개 ② 찌게)가 따른다. ①

접미사 관련 : -개/-게 : 덮다/베다/지우다+개(특성, 기구, 도구)

→덮개, 베개, 지우개 등 대부분

but 집다/지다+(-게)-->집게, 지게

- '지우개, 덮개, 이쑤시개' 등에 쓰인 '-개'는 일부 동사 어간 뒤에 붙어 '그러한 행위를 하는 간단한 도구'의 뜻을 더하고, 명사를 만드는 접미사의 쓰임이다.
- 현대 국어에는 도구의 뜻을 더하고 명사를 만드는 접미사가 '-개'뿐이나 접사 '-게'는 '집게'와 같이 한 단어로 굳어진 일부 단어에서 나타난다.

4. 거기 있는 (①집개 ②집게)를 집어 주게. ②

5. 그 분의 직업은 (① 유기장이 ② 유기쟁이)라고 들었어. ①

접미사 관련 : -장이/-쟁이

* 장이 : 전문성, 직업, 장인) 간판장이, 땜장이, 양복장이, 대장장이

* 쟁이: 특징, 행동, 놀림) 겁쟁이, 고집쟁이, 난쟁이, 관상쟁이, 그림쟁이, 이발쟁이

6. 너는 정말 (① 말썽장이 ② 말썽쟁이) 구나! ②

7. (① 뚝배기 ② 뚝빼기) 에 된장찌개를 끓이면 맛있다. ①

접미사 관련 :-박이/-배기/-빼기

* -박이 : 박혀 있는 것 (점박이, 차돌박이, 장승박이, 붙박이, 오이소박이)

* -배기 : '그 나이를 먹은 아이, 그것이 들어 있거나 차 있음, 그런 물건'의 뜻(두 살배기, 진짜배기)

* -빼기 : 그런 특성이 있는 사람이나 물건, 또는 비하 (곱빼기, 악착빼기, 코빼기)

→(특히 주의!) 언덕배기, 뚝배기

→ (규정에 따르면) '-배기/-빼기'가 혼동될 경우에는 첫째, '나이배기', '육자배기'처럼 [배기]로 발음되는 경우는 '배기'로 적고 둘째, '뚝배기'처럼 한 형태소 내부에서 'ㄱ, ㅂ' 받침 뒤에서 [빼기]로 발음되는 경우는 '배기'로 적으며 셋째, '곱빼기'처럼 다른 형태소 뒤에서 [빼기]로 발음되는 것은 모두 '빼기'로 적는다. 단, '언덕배기'는 한 형태소 내부가 아니지만 '언덕바지'와의 형태적 연관성을 보이기 위해 '언덕배기'로 적는다.

8. 그 집은 볕이 잘 드는 (① 언덕배기 ② 언덕빼기) 에 있다. ①

9. (① 얼룩배기 ② 얼룩빼기) 황소가 해설피 금빛 게으른 울음을 우는 곳. ②

10. 얼굴이 굉장히 (① 애띠다 ② 앳되다). ②

소리나는 대로 표기하는 경우 : 금세, 앳되다, 어이없다, 인마(임마×), 닭달하다(닥달하다×), 통째로(통채로×), 뇌졸중(뇌졸증×), 간질이다(간지르다×) 등

사전적 의미 : 애티가 있어 어려 보이다

11. 네 생각을 들으면 들을수록 (① 어의없다 ② 어이없다). ②

같은 말로 '어처구니없다'가 있다.

12. 흉터는 (① 금새 ② 금세) 낫는다고 하니 다행이야. ②

'금세'의 사전적 의미는 지금 바로. '금시에'가 줄어든 말로 주로 구어체에서 사용한다.

13. 이것은 (① 일찍이 ② 일찌기) 경험하지 못한 일이다. ①

소리나는 대로 표기하면 NG인 경우 : 일찍이, 더욱이, 굳이, 떡볶이, 오뚝이, 욱여넣다 등

* '일찍이' ① 일정한 시간보다 이르게(예 : 늦지 말고 일찍이 오도록 해라!)

② 예전에. 전에 한 번(예 : 일찍이 한국은 '효'의 나라로 불리었다.)

*소리나는 대로 표기! → 구태여, 아무튼, 여하튼, 하여튼 등

14. 그 많은 문제를 (① 일일이 ② 일일히) 검토하려니 골치가 아파. ①

'하나씩 하나씩'의 사전적 의미(예 : 일일이 트집을 잡다)

-히 : 조용히, 무사히, 나란히

-이 : 깊숙이, 수북이 집집이, 나날이, 다달이

15. 라면이 (① 붇기 ② 불기) 전에 먹어라. ①

(바람이) 불다 → 바람이 불어

(라면이) 붇다 → 라면이 불어(예 : 라면이 붇기 전에)

(얼굴이) 붓다 → 얼굴이 부어(예 : 심통이 나서 잔뜩 부어 있다)

16. 병이 (① 낳아서 ② 나아서) 어디든 갈 수 있다. ②

낳다/낫다(ㅅ불규칙) → 아이를 낳아서/병이 나아서

참고 활용표

받침 유무	가다 먹다	가고, 가면, 가서 (갑니다) 먹고, 먹으면, 먹어서 (먹습니다)
ㄹ탈락	살다, 만들다, 놀다 〈ㄴ, ㅂ, ㄹ, ㅅ, -오 앞에서〉	살고, 살면, 살아서, (사는, 삽니다, 살까요 사시오, 사오)
ㅡ탈락	아프다, 쓰다, 따르다, 들르다	쓰고, 쓰면, 써서
ㄷ	(말을) 묻다, 듣다 (*(땅에) 묻다, 닫다)	묻고, 물으면, 물어서
ㅂ	덥다, 돕다 (*좁다, 입다)	덥고, 더우면, 더워서
ㅅ	긋다, 낫다, 붓다(*웃다, 벗다, 씻다)	긋고, 그으면, 그어서
르	모르다, 흐르다, 다르다 (*이르다)	모르고, 모르면, 몰라
우	푸다(1개뿐)	푸고, 푸면, 퍼서
러	이르다, 푸르다	이르고, 이르면, 이르러서
여	하다(1개뿐)	하고, 하면, 해서
오	달다(1개뿐)	다오
ㅎ	노랗다, 그렇다 (*좋다, 낳다, 넣다) 〈ㄴ, ㅁ 앞에서 ㅎ 탈락〉	노랗고, 노라면, 노래서 (노란) 그렇고, 그러면, 그래서 (그런)

17. 나는 역사적인 사명을 (① 띠고 ② 띄고) 이 땅에 태어났다. ①

'사명을 띠다' '흰색을 띠다' '미소를 띠다' '보수적 성향을 띠다'

*눈에 띈다, 두 줄을 띄고 써라, 띄어 쓰기

18. 사업을 (① 벌이다 ② 벌리다). ①

사전적 의미 : 일을 계획하여 시작하거나 펼쳐 놓다

19. 왜 이렇게 속을 (① 썩이니 ② 썩히니)? ①

'썩히다'는 '썩다'의 사동사, '음식을 부패시키다'의 의미이다.

20. 어제 월세를 (① 치렀습니다 ② 치뤘습니다). ①

'치르다'는 '무슨 일을 당하여 겪어 내다'와 '마땅히 줘야 할 돈이나 대가를 주다' 는 뜻이다. '치루다' 내지는 '치뤘다' 는 잘못된 표현이다.

21. 통일은 우리 모두의 (① 바램 ② 바람)이다. ②

'바라다'는 생각하는 대로 이뤄지거나 그렇게 되었으면 하고 생각하는 것

바래다 : ① 가는 사람을 일정한 곳까지 배웅하는 것

② 볕이나 습기를 받아 색이 흐릿하게 변하는 것

22. (① 멀지않아 ② 머지않아) 밝은 미래가 있습니다. ②

'시간적으로 멀지 않다'의 뜻으로 쓰일 때는 '머지않아'를 쓴다.

23. 봄이 오면 세상이 (① 아름다와지다 ② 아름다워지다). ②

ㅂ 불규칙 : 덥다, 춥다 → 더워지다, 추워지다

(예외) 곱다 → 고와지다, 돕다 → 도와주다

24. 하늘을 (① 날으는 ② 나는) 원더우먼. ②

살다, 날다 → 사는, 나는 살으라고(×), 날으는(×)

25. (① 교사로서의 ② 교사로써의) 자각이 필요하다. ①

로서 : ① 어떤 이의 지위, 신분, 자격 등을 나타내는 격조사(맏이로서, 남자로서, 나로서는 등)

② (예스러운 표현) 어떤 동작이 시작되는 것을 나타내는 격조사 (이 문제는 [① 너로서/ ② 너로써] 시작되었다.

로써 : ① 물건의 재료나 원료, 어떤 일의 수단, 도구를 나타내는 격조사 ([① 대화로서/ ② 대화로써] 갈등을 풀다.)

② 시간의 기준점을 나타내는 격조사 (입사한 지 [① 올해로서/ ② 올해로써] 꼭 10년이 된다.)

26. 그는 열심히 (① 공부함으로써 ② 공부하므로써) 부모님의 은혜에 보답하고자 한다. ①

'하므로써'의 경우 '하다'의 연결형 활용으로 '하므로'는 쓸 수 있으나 여기에 '-써'를 결합하면 안 된다. (예= '따뜻하므로'는 가능하다.)

27. (① 가든지 오든지 ② 가던지 오던지) 알아서 하시오. ①

'-든지'는 선택의 의미(*'-거나'를 넣어서 말이 되는지 확인!),

'-던'은 과거(예 : 얼마나 덥던지) (예) 내가 하든 말든! → 내가 하건 말건!(O) / 기분이 안 좋았던 모양! → 안 좋았건 모양(×)

*형은 숙제를 (① 하라든지 ② 하라던지) 하는 잔소리를 많이 한다.

*아이들이 얼마나 (① 좋아하든지 ② 좋아하던지) 보기만 해도 흐뭇했다.

28. 우리의 제안을 어떻게 (① 생각할는지 ② 생각할런지) 모르겠어. ①

'-런지'라는 어미는 없다. '- 는지-'로 고정된다.

어떤 불확실한 사실의 실현 가능성에 대한 의문을 나타내는 연결어미 또는 종결 어미.

'-ㄹ런지', '-을런지', '-ㄹ른지', '-을른지'… 등은 잘못!

(예) 손님이 올는지(×올런지) 까치가 아침부터 울고 있다.

(예) 그 사람이 과연 올는지(×올런지).

29. 할머니께서는 나에게 장차 훌륭한 사람이 (① 되 ② 돼)라고 말씀하신다. ①

* '하'를 넣어 말이 되면 '되', '해'를 넣어 말이 되면 '돼' 를 쓴다.

(되라고 돼라고 →하라고(O) 해라고(×)

*모음 축약 규정 ① 두어→둬 ② 보아→봐

③ 가지어→가져 쓰이+(어)→씌다→(씌어, 쓰여)

④ 되어→돼, 돼요, 됐다 뵈어→봬, 봬요, 뵀다 : ㅚ

⑤ 사귀다, 바뀌다는 준말 형태가 성립하지 않음에 주의한다!!! : ㅟ

30. 괜찮아, 내가 도와 (① 줄게 ② 줄께). ①

① 우리말 중에 '-ㄹ' 뒤에 연결되는 'ㄱ, ㄷ, ㅂ, ㅅ, ㅈ'은 된소리로 발음되고, 된소리 규칙을 바탕으로 표기는 'ㄹ게, ㄹ게요'라고 해야 한다.

② 내 거 (것의 구어체 '거') →규범에 맞는 표기법은 '거'이다.

31. 오늘 비가 (① 온대요 ② 온데요). ①

① (사람들이 그러는데) 혜정이가 참 예쁘대. (화자가 직접 경험한 사실이 아니라 남의 말을 간접적으로 전달할 때)

② (어제 보니까) 혜정이가 참 예쁘데. (화자가 직접 경험한 사실을 나중에 보고하듯이 말한다. "…더라"와 같은 의미)

(예 : 그 친구는 참 [자상하대 / 자상하데]).

32. 공사 중이니 돌아가 (① 주십시요 ② 주십시오). ②

-시오 : 어서 오십시오, 안녕히 계십시오.

-세요 : 안녕하세요, 주무세요.

33. (① 왠지 ② 웬지) 가슴이 두근거린다. ①

- '왠'은 '왜인지'의 준말! 따라서 혼자서는 쓸 수 없다. 따라서 '-지'가 붙으면 왠!!!!!! "왠지"
- '웬'은 '어찌 된', '어떠한' 의 의미를 가진다. 명사를 꾸미는 자리에는 '웬'이 들어가서 "웬일로, 웬일인지, 웬만하면, 웬 여자, 웬 놈"처럼 쓴다.

*'왠지' 이외의 나머지는 모두 '웬' 이라 기억하자.

34. (① 홀몸 ② 홑몸)도 아닌데 너무 무리하지 마세요. (*'임산부'에게 하는 말.) ①

'배우자나 형제가 없다'는 뜻으로는 '홀몸, 홑몸'이 다 쓰일 수 있으나 '홑몸'의 경우 '임신하지 아니한 몸'이라는 사전적 의미가 추가되어 있다.

35. 그는 날 보고도 못 본 (① 체 ② 채) 했다. ①

'척'으로 바꾸어 본 후 자연스러우면 '체'를 쓴다. (못 본 '척'=체)

36. 지난 주말 동물원에서 처음으로 (① 수사슴 ② 숫사슴)을 봤어! ①

'수-'에 관한 규정

① 동물 중에서는 숫양, 숫염소, 숫쥐만 사이시옷을 적용한다. (일명 양념쥐)

② 접두사 다음 첫소리의 거센소리를 인정한다.

수(성별을 의미하는 접두사) + 개, 강아지, 돼지, 닭, 병아리, 당나귀, 기와, 돌쩌귀, 것

→ 수캐, 수캉아지, 수퇘지, 수탉, 수평아리, 수탕나귀, 수키와, 수톨쩌귀, 수컷

37. 비가 오는 날에는 (① 해님 ② 햇님)이 보고 싶다. ①

사이시옷 규정이 아니다. 사이시옷은 단어가

① 합성어

② 둘 중 하나는 반드시 고유어

③ 발음할 때(읽을 때) 뒷말의 첫소리가 '된소리'이거나 혹은 뒷말의 ㄴ, ㅁ 앞에서 표기에는 없는 'ㄴ'소리가 덧나야 한다.

(예=등굣길[등교낄/등굗낄]), 제삿날, 냇물, 장밋빛, 순댓국, 최댓값, 인삿말(×)

- -님 (접미사) : 사장님(높임), 달님(의인화) *님 (의존명사) : 홍길동 님, 길동 님

38. 시험에 떨어졌으니 앞으로 (① 어떻해 ② 어떡해). ②

어떻게(어떠하게) : 형용사의 부사형 (뜻: 'how')

어떡해(어떠하게 +하다) 동사 활용/서술어로 쓴다.

어떻해(× 없는 단어)

39. 맑게 갠 날씨를 보니 왠지 마음이 (① 설레인다 ② 설렌다). ②

'설레이다'는 '마음이 가라앉지 아니하고 들떠서 두근거리다'라는 의미를 가지는 '설레다'의 잘못된 말이다.

40. 이 뮤지컬에서 네가 맡은 (① 역할 ② 역활)은 정말 멋지구나! ①

41. (① 오랫만에 ② 오랜만에) 만나니 더욱 반가워요. ②

오랜만에='오래간만에'의 준말

'오래+동안'의 경우, 사이시옷 사용하여 '오랫동안'이라고 쓴다.

42. 오늘 모임의 2차는 시원한 (① 맥주집 ② 맥줏집)이 어떨까? ②

사이시옷 규정

*맥주(麥酒)+집(고유어)의 합성어로 발음[맥쭈찝]이 되기 때문에 사이시옷을 넣는다.

① 합성어

② 두 단어 중 하나는 반드시 고유어

③ 발음할 때(읽을 때) 뒷말의 첫소리가 '된소리'이거나 혹은 표기에는 없는 'ㄴ'소리가 덧나야 한다. (예=깻잎[깬닙])

④ 한자어+한자어(예 : 초점, 시가) 또는 '외래어' 포함(피자집)되어 있는 경우는 적용되지 않는다.

⑤ 단, 다음 여섯 가지 경우만 예외적으로 사이시옷을 쓴다.

찻간, 툇간, 곳간, 셋방, 숫자, 횟수

43. 오늘 우럭과 광어 (① 시가 ② 싯가)가 어떻게 되나요? ①

44. 이 동네에 맛있는 (① 피자집 ② 피잣집) 없니? ①

사이시옷 규정

'외래어'가 포함되어 있으면 사이시옷을 쓰지 않는다. (예: 딸기잼, 타로점)

45. (① 웃어른 ② 윗어른)을 공경하는 습관을 갖자. ①

사이시옷 규정

① '웃'은 '아래'의 개념이 없을 때 쓴다.

→웃어른 (O) / 윗어른 (×)

② 된소리나 거센소리 앞에서는 사이시옷을 쓰지 않는다.

→위층(O) / 윗층(×) / 웃층(×)

46. 오늘 회의는 (① 결열 ② 결렬)입니다. ②

두음법칙

① 열/렬 : 나열, 진열, 결렬

② 모음이나 'ㄴ'으로 끝나는 낱말 뒤에서는 'ㅇ'을 쓰고 나머지의 경우 'ㄹ'을 쓴다.

47. (① 운율 ② 운률) 이 없으면 시(詩)가 될 수 없어. ①

두음법칙

① 율/률 : 비율, 선율, 출생률

② 앞말의 종성이 'ㄴ'이거나 종성이 없는 경우(모음으로 끝나는 경우)=율, 나머지의 경우 '률'을 쓴다.

48. 건강을 위해 담배를 (① 삼가하도록 ② 삼가도록) 합시다. ②

‘삼가하다’는 ‘삼가다’에 ‘하다’를 잘못 덧붙여 쓰는 말이다.
‘삼가다’는 ‘삼가, 삼가니, 삼가서, 삼갑니다’와 같이 활용하는 말로 ‘하다’를 덧붙여 쓸 필요가 없는 말이다.

49. 오늘은 (① 않 되나요 ② 안 되나요)? ②

-지 않다 (먹지 않아요), 안 먹어요.

50. 그건 내가 한 게 (① 아니에요 ② 아니예요). ①

*이(다), 아니(다) +에요 → ‘아니에요’ 가 맞는 표현이다.
*’이에요’/ ’예요’와 헷갈리지 않도록! → 책상이에요. 의자예요.
(참고) 아니오/아니요 : 이것은 어느 하나가 틀린 것이 아니라 둘 다 맞는 말인데, 쓰임새가 서로 다르다.
(예 : 네/아니요(아뇨))
(예 : 이것은 책이 아니야/아니다/아닙니다/아니에요/아니오)
→ 모두 가능하다.

51. 믿을것은오직나의능력뿐이다. → 믿을 것은 오직 나의 능력뿐이다.

것(의존명사) *뿐 (조사) 믿다, 오직, 나, 능력

52. 국어는공부할만한과목입니다. → 국어는 공부할 만한 과목입니다.

만(의존명사) ① 그 정도에 이름을 뜻한다. ② 그렇게 할 가치가 있음을 나타낸다.

53. 그는의지할데가없는사람이다. →그는 의지할 데가 없는 사람이다.

데(의존명사)

① '곳', '장소'의 뜻을 나타내는 말 (예 : 지금 가는 데가 어디인데?)

② '일'이나 '것'의 뜻을 나타내는 말

③ '경우'의 뜻을 나타내는 말 (예: 머리가 아픈 데 먹는 약)

54. 집에가는데비가왔다. →집에 가는데 비가 왔다.

-는데 어떤 일을 설명하거나 묻거나 시키거나 제안하기 위하여 그 대상과 상관되는 상황을 미리 말할 때 쓰는 연결어미이다.

55. 그가떠난지한시간정도됐다. →그가 떠난 지 한 시간 정도 됐다.

지 (의존명사) : 어떤 일이 있었던 때로부터 지금까지

정도(명사) : (수량을 나타내는 말 뒤에 쓰여) 그만큼 가량의 분량

56. 손이얼음장같이차다. →손이 얼음장같이 차다.

같이(조사)

57. 본대로느낀대로말하여라. →본 대로 느낀 대로 말하여라.

대로(의존명사) : 어떤 모양이나 상태, 할 수 있는 최대한의 뜻 (띄어쓰기)

58. 오늘날씨가좋아야할텐데. →오늘 날씨가 좋아야 할 텐데.

터 (의존명사)

'-~ㄹ 텐데, ~ㄹ 테야' 는 각각 '터인데, 터이야'의 준말이므로 띄어 쓴다.

59. 다음학기부터는열심히공부할거야. →다음 학기부터는 열심히 공부할 거야.

다음(명사) 부터(조사) 거(의존명사)

60. 일년동안하루에세번씩했는데안됐다. →일 년 동안 하루에 세 번씩 했는데 안 됐다.

숫자 표기법, -씩(접미사) -는데(어미) 되다

참고문헌

김동혁, 『자기소개서 문장이 스펙이다』, 소소담담, 2016

김동혁, 『자기소개서를 위한 문장 쓰기』, 성광사, 2014

김병환 외, 『사고와 표현1』, 경성대학교 출판부, 2021

김용무, 『누두글쓰기-핵심을 찌르는 비즈니스 문서작성법』, 팜파스, 2008

김윤희 외, 『글쓰기와 의사소통 워크북』, 동명대학교 출판사, 2021

김환, 『모두가 행복해지는 공감연습』, 소울메이트, 2011

대학글쓰기 편찬위원회, 『사고와 표현』, 소소담담, 2016

심재우, 『스토리텔링 책쓰기』, 맘스퀘스천, 2021

오가와 히토시 저, 박양순 역, 『결과를 만들어내는 철학』, 북스토리지, 2023

유상용 외, 『의사소통능력』, 양성원, 2019

안우경, 『씽킹101』, 흐름출판, 2023

이선미, 『마케터의 글쓰기』, 앤의 서재, 2022

임정민, 『관계를 망치지 않는 대화법』, 경향BP, 2023

정희모·이재성, 『글쓰기의 전략』, 들녘, 2005

정희창 외, 『글쓰기 전략』, 들녘, 2005

캐시 렌천브링크 저, 박은진 역, 『내가 글이 된다면-닫힌 글문을 여는 도구를 찾아서』, 머스트리드북, 2022

저자 소개

유상용

센슈대학교 문화연구과 일본어일본문학박사

현) 울산과학대학교 교수/산학협력단 부단장

박양순

도쿄도립대학 국문학박사

현) 울산과학대학교 부교수

김은송

대구가톨릭대학교 국어국문학박사

전) 울산과학대학교 강사

현) 경성대학교 강사

전민규

대구가톨릭대학교 국어국문학박사 수료

전) 금오공과대학교 강사

현) 울산과학대학교 강사

* 본 책을 교재로 사용하실 분께는 학생 지도용 추가 자료를 제공해 드립니다.

  필요하신 분은 yspark@uc.ac.kr로 요청해 주시면 됩니다.